Medio siglo con Borges

Mario Vargas Llosa

Medio siglo con Borges

ALFAGUARA

Penguin
Random House
Grupo Editorial

Índice

Borges o la casa de los juguetes

De la equivocación ultraísta
de su juventud
pasó a poeta criollista,
porteño, cursi, patriotero
y sentimental.
Documentando infamias ajenas
para una revista de señoras,
se volvió un clásico
(genial e inmortal).
Llenó su casa,
su vida,
de juguetes:
inventó al *viking* y al
noroic,
adobó a Schopenhauer
y Stevenson
con las aporías de Zenón
y *Las mil noches y
una noche*
con las dilaciones, repeticiones,
paradojas y carambolas
del tiempo ido, venido y
congelado.
Su cuarto de juguetes

fue siempre un
bric-à-brac:
tigres, espejos, alfanjes,
laberintos,
compadritos, cuchilleros,
gauchos, sueños, dobles,
caballeros y
asexuados fantasmas.
Demasiado inteligente
para escribir novelas
se multiplicó en cuentos
insólitos,
perfectos, cerebrales
y fríos como círculos.
Las infinitas lecturas,
la imaginación y los sofismas
jugaban allí a las escondidas
y la lenta tortuga
ganaba siempre la carrera
al Aquiles de los pies ligeros.
Hizo del tumultuoso
español
lleno de ruido y furia
una lengua concisa, precisa,
puritana,
lúcida y bien educada.
Inventó una prosa
en la que había tantas palabras
como ideas.
Vivió leyendo y leyó viviendo

—no es la misma cosa—
porque todo en la vida
verdadera
lo asustaba,
principalmente
el sexo y
el peronismo.
Era un aristócrata
algo anarquista
y sin dinero,
un conservador,
un agnóstico
obsesionado con la religión,
un intelectual erudito,
sofista,
juguetón.
Hechas las sumas
y las restas:
el escritor más sutil y elegante
de su tiempo.
Y,
probablemente,
esa rareza:
una buena persona.

Firenze, 4 de junio de 2014

Medio siglo con Borges

Esta colección de artículos, conferencias, reseñas y notas da testimonio de más de medio siglo de lecturas de un autor que ha sido para mí, desde que leí sus primeros cuentos y ensayos en la Lima de los años cincuenta, una fuente inagotable de placer intelectual. Muchas veces lo he releído y, a diferencia de lo que me ocurre con otros escritores que marcaron mi adolescencia, nunca me decepcionó; al contrario, cada nueva lectura renueva mi entusiasmo y felicidad, revelándome nuevos secretos y sutilezas de ese mundo borgiano tan inusitado en sus temas y tan diáfano y elegante en su expresión.

Mi estrecha relación de lector con los libros de Borges contradice la idea según la cual uno admira ante todo a los autores afines, a quienes dan voz y forma a los fantasmas y anhelos que a uno mismo lo habitan. Pocos escritores están más alejados que Borges de lo que mis demonios personales me han empujado a ser como escritor: un novelista intoxicado de realidad y fascinado por la historia que va haciéndose a nuestro alrededor y por la pasada, que gravita todavía con fuerza sobre la actualidad. Jamás me ha tentado la literatura fantástica y pocos autores de esta corriente figuran entre mis favoritos. Los temas puramente intelectuales y abstractos, teñidos de inactualidad, como el tiempo, la identidad o la metafísica, nunca me han inquietado demasiado y, en cambio, asuntos tan terrenales como la política y el erotismo —que Borges despreciaba o ignoraba— tienen un papel protagónico en lo que escribo. Pero no creo que estas abismales diferencias de vocación y personalidad hayan sido un obstáculo para apreciar el genio de Borges. Por el contrario, la belleza e inteligencia del mundo que creó me ayudaron a descubrir las limitaciones del mío, y la perfección de su prosa me hizo tomar conciencia de las imperfecciones de la mía. Será por eso que siempre leí —y releo— a Borges no sólo con la exaltación que despierta un gran escritor; también con una indefinible nostalgia y la sensación de que algo de aquel deslumbrante universo salido de su imaginación y de su prosa me estará siempre negado, por más que tanto lo admire y goce con él.

Lima, febrero de 2004

Preguntas a Borges

MVLL: Discúlpeme usted, Jorge Luis Borges, pero lo único que se me ocurre para comenzar esta entrevista es una pregunta convencional: ¿cuál es la razón de su visita a Francia?

JLB: Fui invitado a dos congresos por el Congreso por la Libertad de la Cultura, en Berlín. Fui invitado también por la *deutsche* Regierung, por el gobierno alemán, y luego mi gira continuó y estuve en Holanda, en la ciudad de Ámsterdam, que tenía muchas ganas de conocer. Luego, mi secretaria María Esther Vásquez y yo seguimos por Inglaterra, Escocia, Suecia, Dinamarca y ahora estoy en París. El sábado iremos a Madrid, donde permaneceremos una semana. Luego, volveremos a la patria. Todo esto habrá durado poco más de dos meses.

MVLL: Tengo entendido que asistió al coloquio que se ha celebrado recientemente en Berlín entre escritores alemanes y latinoamericanos. ¿Quiere darme su impresión de este encuentro?

JLB: Bueno, este encuentro fue agradable en el sentido de que pude conversar con muchos colegas míos. Pero en cuanto a los resultados de esos congresos, creo que son puramente negativos.

Y, además, parece que nuestra época nos obliga a ello, yo tuve que expresar mi sorpresa —no exenta de melancolía— de que en una reunión de escritores se hablara tan poco de literatura y tanto de política, un tema que me es más bien, bueno, digamos tedioso. Pero, desde luego, agradezco haber sido invitado a ese congreso, ya que para un hombre sin mayores posibilidades económicas como yo, esto me ha permitido conocer países que no conocía, llevar en mi memoria muchas imágenes inolvidables de ciudades de distintos países. Pero, en general, creo que los congresos literarios vienen a ser como una forma de turismo, ¿no?, lo cual, desde luego, no es del todo desagradable.

MVLL: En los últimos años, su obra ha alcanzado una audiencia excepcional aquí, en Francia. La *Historia universal de la infamia* y la *Historia de la eternidad* se han publicado en libros de bolsillo, y se han vendido millares de ejemplares en pocas semanas. Además de *L'Herne,* otras dos revistas literarias preparan números especiales dedicados a su obra. Y ya vio usted que en el Instituto de Altos Estudios de América Latina tuvieron que colocar parlantes hasta en la calle, para las personas que no pudieron entrar al auditorio a escuchar su conferencia. ¿Qué impresión le ha causado todo esto?

JLB: Una impresión de sorpresa. Una gran sorpresa. Imagínese, yo soy un hombre de sesenta y cinco años, y he publicado muchos libros, pero al principio esos libros fueron escritos para mí, y para un pequeño grupo de amigos. Recuerdo mi sorpresa y mi alegría cuando supe, hace muchos años, que de mi libro *Historia de la eternidad* se habían vendido en un año hasta treinta y siete ejemplares. Yo hubiera querido agradecer personalmente a cada uno de los compradores, o presentarles mis excusas. También es verdad que treinta y siete compradores son imaginables, es decir son treinta y siete personas que tienen rasgos personales, y biografía, domicilio, estado civil, etcétera. En cambio, si uno llega a vender mil o dos mil ejemplares, ya eso es tan abstracto que es como si uno no hubiera vendido ninguno. Ahora, el hecho es que en Francia han sido extraordinariamente generosos, generosos hasta la injusticia conmigo. Una publicación como *L'Herne,* por ejemplo, es algo que me ha colmado de gratitud y al mismo tiempo me ha abrumado un poco. Me he sentido indigno de una atención tan inteligente, tan perspicaz, tan minuciosa y, le repito, tan generosa conmigo. Veo que en Francia hay mucha gente que conoce mi «obra» (uso esta palabra entre comillas) mucho mejor que yo. A veces, y en estos días me han hecho preguntas sobre tal o cual personaje: «¿Por qué John Vincent Moon vaciló antes de contestar?». Y luego, al cabo de un rato, he recapacitado y me he dado cuenta que John Vincent Moon es protagonista de un cuento mío y he tenido que inventar una respuesta cualquiera para no confesar que me he olvidado totalmente del cuento y que no sé exactamente las razones de tal o cual circunstancia. Todo eso me alegra y, al mismo tiempo, me produce como un ligero y agradable vértigo.

MVLL: ¿Qué ha significado en su formación la cultura francesa? ¿Algún escritor francés ha ejercido una influencia decisiva en usted?

JLB: Bueno, desde luego. Yo hice todo mi bachillerato en Ginebra, durante la Primera Guerra Mundial. Es decir, que durante muchos años el francés fue, no diré el idioma en el que yo soñaba o en el que sacaba cuentas, porque nunca llegué a tanto, pero sí un idioma cotidiano para mí. Y, desde luego, la cultura francesa ha influido en mí, como ha influido en la cultura de todos los americanos del sur, quizá más que en la cultura de los españoles. Pero hay algunos autores que yo quisiera destacar especialmente y esos autores son Montaigne, Flaubert —quizá Flaubert más que ningún otro—, y luego un autor personalmente desagradable a través de lo que uno puede juzgar por sus libros, pero la verdad es que trataba de ser desagradable y lo consiguió: Léon Bloy. Sobre todo me interesa en Léon Bloy esa idea suya, esa idea que los cabalistas y el místico sueco Swedenborg tuvieron pero que sin duda él sacó de sí mismo, la idea del universo como una suerte de escritura, como una criptografía de la divinidad. Y en cuanto a la poesía, creo que usted me encontrará bastante

18

pompier, bastante *vieux jouer,* rococó, porque mis preferencias en lo que se refiere a poesía francesa siguen siendo *La Chanson de Roland,* la obra de Hugo, la obra de Verlaine y —pero ya en un plano menor—, la obra de poetas como Paul-Jean Toulet, el de *Les Contrerimes.* Pero hay sin duda muchos autores que no nombro que han influido en mí. Es posible que en algún poema mío haya algún eco de la voz de ciertos poemas épicos de Apollinaire, eso no me sorprendería. Pero si tuviera que elegir un autor (aunque no hay absolutamente ninguna razón para elegir un autor y descartar los otros), ese autor francés sería siempre Flaubert.

MVLL: Se suele distinguir dos Flaubert: el realista de *Madame Bovary* y *La educación sentimental,* y el de las grandes construcciones históricas, *Salambó* y *La tentación de San Antonio.* ¿Cuál de los dos prefiere?

JLB: Bueno, creo que tendría que referirme a un tercer Flaubert, que es un poco los dos que usted ha citado. Creo que uno de los libros que yo he leído y releído más en mi vida es el inconcluso *Bouvard y Pécuchet.* Pero estoy muy orgulloso, porque en mi biblioteca, en Buenos Aires, tengo una *editio princeps* de *Salambó* y otra de *La tentación.* He conseguido eso en Buenos Aires y aquí me dicen que se trata de libros inhallables, ¿no? Y en Buenos Aires no sé qué feliz azar me ha puesto esos libros entre las manos. Y me conmueve pensar que yo estoy viendo exactamente lo que

Flaubert vio alguna vez, esa primera edición que siempre emociona tanto a un autor.

MVLL: Usted ha escrito poemas, cuentos y ensayos. ¿Tiene predilección por alguno de esos géneros?

JLB: Ahora, al término de mi carrera literaria, tengo la impresión que he cultivado un solo género: la poesía. Salvo que mi poesía se ha expresado muchas veces en prosa y no en verso. Pero como hace unos diez años que he perdido la vista, y a mí me gusta mucho vigilar, revisar lo que escribo, ahora me he vuelto a las formas regulares del verso. Ya que un soneto, por ejemplo, puede componerse en la calle, en el subterráneo, paseando por los corredores de la Biblioteca Nacional, y la rima tiene una virtud mnemónica que usted conoce. Es decir, uno puede trabajar y pulir un soneto mentalmente y luego, cuando el soneto está más o menos maduro, entonces lo dicto, dejo pasar unos diez o doce días, y luego lo retomo, lo modifico, lo corrijo, hasta que llega un momento en que ese soneto ya puede publicarse sin mayor deshonra para el autor.

MVLL: Para terminar, le voy a hacer otra pregunta convencional: si tuviera que pasar el resto de sus días en una isla desierta con cinco libros, ¿cuáles elegiría?

JLB: Es una pregunta difícil, porque cinco es poco o es demasiado. Además, no sé si se trata de cinco libros o de cinco volúmenes.

MVLL: Digamos, cinco volúmenes.

JLB: ¿Cinco volúmenes? Bueno, yo creo que llevaría la *Historia de la declinación y caída del Imperio romano* de Gibbon. No creo que llevaría ninguna novela, sino más bien un libro de historia. Bueno, vamos a suponer que eso sea en una edición de dos volúmenes. Luego, me gustaría llevar algún libro que no comprendiera del todo, para poder leerlo y releerlo, digamos la *Introducción a la filosofía de las Matemáticas* de Russell, o algún libro de Henri Poincaré. Me gustaría llevar eso también. Ya tenemos tres volúmenes. Luego, podría llevar un volumen cualquiera, elegido al azar, de una enciclopedia. Ahí ya podría haber muchas lecturas. Sobre todo, no de una enciclopedia actual, porque las enciclopedias actuales son libros de consulta, sino de una enciclopedia publicada hacia 1910 o 1911, algún volumen de Brockhaus, o de Mayer, o de la *Encyclopædia Britannica,* es decir, cuando las enciclopedias eran todavía libros de lectura. Tenemos cuatro. Y luego, para el último, voy a hacer una trampa, voy a llevar un libro que es una biblioteca, es decir, llevaría la Biblia. Y en cuanto a la poesía, que está ausente en este catálogo, eso me obligaría a encargarme yo, y entonces no leería versos. Además, mi memoria está tan poblada de versos que creo que no necesito libros. Yo mismo soy una especie de antología de muchas literaturas. Yo, que recuerdo mal las circunstancias de mi propia vida, puedo decirle indefinidamente y tediosamente versos en latín, en español, en inglés, en inglés antiguo, en francés, en italiano, en portugués. No sé si he contestado bien a su pregunta.

MVLL: Sí, muy bien, Jorge Luis Borges. Muchas gracias.

París, noviembre de 1963

Borges en su casa

Vive en un departamento de dos dormitorios y una salita comedor, en el centro de Buenos Aires, con un gato que se llama Beppo (por el gato de Lord Byron) y una criada de Salta, que le cocina y sirve también de lazarillo. Los muebles son pocos, están raídos y la humedad ha impreso ojeras oscuras en las paredes. Hay una gotera sobre la mesa del comedor. El dormitorio de su madre, con quien vivió toda la vida, está intacto, incluso con un vestido lila extendido sobre la cama, listo para ponérselo. Pero la señora falleció hace varios años. Cuando le pregunto qué personas que haya conocido en la vida lo impresionaron más, es a ella a quien cita primero.

Su dormitorio parece una celda: angosto, estrecho, con un catre tan frágil que se diría de niño, un pequeño estante atiborrado de libros anglosajones y, en las paredes desvaídas, un tigre de cerámica azul, con palmeras pintadas en el lomo, y la condecoración de la Orden del Sol. Lo del tigre lo comprendo: es el animal borgiano por excelencia, poblador recurrente de sus cuentos y poemas, pero ¿por qué está allí esa distinción peruana? Se trata de algo sentimental. Un antepasado suyo

—el famoso coronel Suárez del poema— ganó esa condecoración siglo y medio atrás por haber participado en la batalla de Junín, cargando a lanza y sable contra los españoles. Luego, la condecoración se extravió en las andanzas de la estirpe. Cuando se la impusieron a él, en Lima, su madre lloró de emoción y le dijo: «Está volviendo a la familia». Por eso cuelga debajo del tigre multicolor.

No hay demasiados libros en la casa, para ser la casa de él. Aparte de los del dormitorio, un doble estante hace esquina en la salita comedor: literatura, filosofía, historia y religión, en una docena de lenguas. Pero uno buscaría inútilmente, entre esos volúmenes, un libro de Borges o sobre Borges. Aunque sé la respuesta de memoria, le pregunto por qué se ha excluido de su biblioteca. «¿Quién soy yo para codearme con Shakespeare o Schopenhauer?» Y no tiene libros sobre él porque «el tema no le interesa». Sólo ha leído el primero que le dedicaron, en 1955, Marcial Tamayo y Adolfo Ruiz Díaz: *Borges, enigma y clave*. Lo leyó porque «el enigma ya lo conocía y tenía curiosidad por averiguar la clave». El libro no se la dio.

Viste con sobria corrección y uno podría jurar que se pone corbata y saco aunque no salga de casa. Perdió la vista hace treinta años y desde entonces le leen. Lo hace su hermana Norah, sobre todo, y los amigos que lo visitan. Es sumamente tolerante con las oleadas de periodistas de todo el mundo que quieren entrevistarlo. Los recibe y les regala algu-

24

nos de esos retruécanos e ironías que ellos suelen malinterpretar. En pago de servicios, pide que le lean un poema de Lugones o un cuento de Kipling. Comenzó a coleccionar bastones a medida que se debilitaba su vista; tiene muchos y, como sus libros y sus historias, proceden de países varios y exóticos.

Igual que su modestia, sus buenas maneras son más un recurso literario que una virtud. En el fondo, sabe muy bien que es un genio, aunque, para un escéptico como él, esas cosas no tienen importancia. Y bajo esa dulzura de abuelito con que atiende al visitante, mientras se desplaza a tientas por su departamento, acecha invicto el temible fraseólogo: «Estoy seguro que las traducciones que hizo Norman Thomas di Giovanni son mejores que el original. Él está seguro también». Pero es verdad que algunos de sus juicios se han dulcificado. Habla bien de Neruda, por ejemplo, cuya obra, antes, estimó apenas. Recuerda agradecido que cuando, en Estocolmo, preguntaron al poeta chileno a quién habría dado el premio Nobel, respondió: «A Borges». Y, a propósito, ¿por qué los académicos suecos no le habrán dado a usted ese premio? La respuesta es previsible: «Porque esos caballeros comparten conmigo el juicio que tengo sobre mi obra».

Le recuerdo que hace veinte años le pregunté, en una entrevista para la radio-televisión francesa, qué opinaba de la política y me contestó que le producía tedio. ¿Todavía vale esa respuesta? «Bueno, en lugar de tedio diría ahora fastidio.» Los políticos no son gentes de su preferencia. «¿Cómo admirar a seres que se pasan la vida poniéndose de acuerdo, diciendo las cosas que dicen y (con perdón) retratándose?» Sin embargo, lo cierto es que hace muchas declaraciones políticas y que ellas levantan tolvaneras. Hasta hace poco, irritaban principalmente a la izquierda. Pero, en estos días, quien ha puesto el grito en el cielo con lo que dice es la derecha. Los diarios argentinos están llenos de protestas contra él. Lo acusan de senil y antipatriota por haberle dado la razón a Chile, o poco menos, en el diferendo sobre el Beagle, y haber dicho que los militares deberían retirarse del gobierno porque «pasarse la vida en los cuarteles y en los desfiles no capacita a nadie para gobernar». Pero lo más escandaloso que dijo es, tal vez, que «los militares argentinos no han oído silbar una bala». Como un general lo refutó, citándose en ejemplo, Borges rectificó: «Admito que el general fulano de tal sí ha oído silbar una bala». Ha alcanzado tal prestigio que, él sí, puede decir lo que quiera y hacerse oír sin que lo censuren, arresten o le pongan una bomba.

Le digo que, aunque a mí también me desconciertan a menudo sus opiniones políticas, hay algo en ellas, constante, que siempre he respetado: sus diatribas contra los nacionalismos, de cualquier índole. ¿Me escucha? Tengo la impresión de que sólo accidentalmente. Habla no a un interlocutor definido, esa persona de carne y hueso que tiene al frente y que debe ser para él apenas una sombra, sino a un oyente abstracto y múltiple —lo que es el lector para el que escribe— y quien está a su lado se siente un mero pretexto, renovado y anónimo, de ese monólogo incesante, erudito, fascinante que es para él una conversación.

Asoman, en ese discurso que por instantes se vuelve dramático porque la voz se le corta y una mueca le crispa la cara, los temas consabidos. El antiguo idioma de los vikingos, que aún sigue estudiando, las sagas nórdicas del siglo XIII y que los islandeses pueden leer en el original y cómo, por eso, se le humedecieron los ojos al llegar a Reikiavick. Que siempre fue un anarquista spenceriano como su padre, pero que, ahora, además se ha vuelto pacifista, como Gandhi y Bertrand Russell. Sin embargo, duda que jamás se llegue entre nosotros al anarquismo o a la democracia, ¿acaso los merecemos? El mejor aporte cultural de América Latina fue el modernismo y hay dos cosas que Argentina tiene a su favor: su numerosa clase media y la inmigración que recibió. Todavía sigue pensando que la *Historia de la literatura argentina* de Ricardo Rojas es más grande que toda la literatura argentina «aun si se considera que esta obra forma parte de esa literatura». Hay dos países que le gustaría conocer: la China y la India. No tiene temor a la muerte; por el contrario, lo alivia pensar que desaparecerá totalmente. Ser agnóstico facilita hacerse a la idea de morir: la perspectiva de la nada es grata, sobre todo en momentos de contrariedad o desánimo.

El hechicero monólogo va, viene, vuelve y se revuelve, trenzando en el chisporroteo de temas uno de esos motivos que, como el tigre y el espejo, ha usado tanto y con tal originalidad que ya parecen suyos: el laberinto. Es mentira que se criara en un Palermo criollo, con compadritos en las esquinas y milongas en el aire. Eso lo inventó después; se crio en la biblioteca de su padre, amamantado por libros ingleses. Ha leído mucho, sí, pero pocas novelas, y aunque tal vez exageró al vituperar (verbo que también parece suyo) el género novelístico, lo cierto es que sus autores favoritos son poetas, ensayistas o cuentistas. Uno de los novelistas que se salvan del genocidio es Conrad. ¿Está escribiendo algo? Sí, un poema sobre «un oscuro poeta del hemisferio austral». El oscuro poeta es él, por supuesto. Por supuesto. Pero ambos sabemos que miente.

Adiós, Borges, escritor genial, viejo tramposo. Los escritores famosos envejecen mal, llenos de soberbia y achaques. Pero usted mantiene la forma y esas trampas sabias y espléndidas que nos tendía en sus cuentos nos las pone ahora hablando. Y seguimos cayendo en ellas con idéntica felicidad.

Buenos Aires, junio de 1981

Borges en su casa: una entrevista

Si tuviera que nombrar a un escritor de lengua española de nuestro tiempo cuya obra vaya a perdurar, a dejar una huella profunda en la literatura, citaría a ese poeta, cuentista y ensayista argentino que le prestó su apellido a Graciela Borges, a Jorge Luis Borges.

El puñado de libros que ha escrito, libros siempre breves, perfectos como un anillo, donde uno tiene la impresión que nada falta ni sobra, han tenido y tienen una enorme influencia en quienes escriben en español. Sus historias fantásticas, que suceden en la Pampa, en Buenos Aires, en China, en Londres, en cualquier lugar de la realidad o la irrealidad, muestran la misma imaginación poderosa y la misma formidable cultura que sus ensayos sobre el tiempo, el idioma de los vikingos... Pero la erudición no es nunca en Borges algo denso, académico, es siempre algo insólito, brillante, entretenido, una aventura del espíritu de la que los lectores salimos siempre sorprendidos y enriquecidos.

La entrevista que Borges nos concedió tuvo lugar en el modesto departamento del centro de Buenos Aires donde vive, acompañado de una empleada que le sirve también de lazarillo, pues Borges perdió la vista hace años, y de un gato de angora al que ha bautizado con el nombre de Beppo porque, nos dijo, así se llamaba el gato de un poeta inglés que admira: Lord Byron.

MVLL: Me ha impresionado mucho al ver su biblioteca no encontrar libros suyos, no hay ni uno solo. ¿Por qué no tiene libros suyos en su biblioteca?

JLB: Cuido mucho mi biblioteca. Quién soy yo para nombrarme con Schopenhauer...

MVLL: Y tampoco libros sobre usted, veo que tampoco hay ninguno de los muchos libros que se han escrito sobre usted.

JLB: Yo leí el primero que se publicó durante la dictadura, en Mendoza.

MVLL: ¿Cuál dictadura, Borges? Porque desgraciadamente ha habido tantas...

JLB: La de aquel..., de cuyo nombre no quiero acordarme.

MVLL: Ni mencionarlo.

JLB: No, tampoco, no. Algunas palabras es bueno evitarlas. Bueno, pues se publicó el libro *Borges, enigma y clave,* escrito por Ruiz Díaz, un profesor mendocino, y por un boliviano, Tamayo. Y yo leí ese libro a ver si encontraba la clave ya que el enigma lo conocía. Después no he leído ningún otro. Alicia Jurado escribió un libro sobre mí. Yo le agradecí, le dije: «Sé que es bueno, pero el tema no me interesa o quizás me interesa demasiado, conque no voy a leerlo».

MVLL: Y tampoco ha leído entonces esa voluminosa biografía que ha publicado Rodríguez Monegal sobre usted.

JLB: ¿Y qué me dices, que es muy buena?

MVLL: Por lo menos muy documentada y hecha realmente con una gran reverencia, un gran afecto por usted y un gran conocimiento, creo, de su obra.

JLB: Sí, somos amigos. Él es de Melo, ¿no?, de la República Oriental.

MVLL: Sí, y además aparece en uno de sus cuentos como personaje.

JLB: De Melo yo recuerdo unos versos muy lindos de Emilio Oribe, que empiezan de un modo trivial y luego se exaltan, se ensanchan: «Yo nací en Melo, ciudad de coloniales casas»... Bueno, eso no está muy..., «coloniales casas», «casas coloniales» ligeramente diversas... «Yo nací en Melo, ciudad de coloniales casas, en medio de la pánica llanura interminable», y ahora se agranda, «en medio de la pánica llanura interminable y cerca del Brasil». Cómo va creciendo el verso, ¿eh? Cómo va ampliándose.

MVLL: Sobre todo como lo dice usted.

JLB: No, pero... «Yo nací en Melo, ciudad de coloniales casas» no es nada; «en medio de la pánica llanura interminable y cerca del Brasil», y ya ves un imperio al final del verso. Es lindísima. Emilio Oribe.

MVLL: Es muy bonito. Dígame, Borges, hay una cosa que hace muchos años que quiero preguntarle. Yo escribo novelas, y siempre me he sentido dolido por una frase suya muy linda pero muy ofensiva para un novelista, una frase que es más o menos la siguiente: «Desvarío empobrecedor el de querer escribir novelas, el de querer explayar en quinientas páginas algo que se puede formular en una sola frase».

JLB: Sí, pero es un error, un error inventado por mí. La haraganería, ¿no? O la incompetencia.

MVLL: Pero usted ha sido un gran lector de novelas y un maravilloso traductor de novelas.

JLB: No, no. Yo he leído muy pocas novelas.

MVLL: Sin embargo, las novelas aparecen en su obra, son mencionadas o incluso inventadas.

JLB: Sí, pero yo he sido derrotado por Thackeray. En cambio, Dickens me gusta mucho.

MVLL: *Vanity Fair (La feria de las vanidades)* le resultó muy aburrida.

JLB: *Pendennis* lo pude leer, haciendo un esfuerzo, con *Vanity Fair* no, no pude.

MVLL: Conrad, por ejemplo, que es un autor al que usted admira, ¿no le importaban las novelas de Conrad?

JLB: Pero claro que sí, por eso le digo que con escasas excepciones. Por ejemplo, el caso de Henry James, que era un gran cuentista y un novelista, digamos, de otro calibre.

MVLL: Pero, entre los autores más importantes para usted, ¿no hay ningún novelista?

JLB: ...

MVLL: ¿Mencionaría algún novelista entre los autores que considera más importantes o son sobre todo poetas y ensayistas?

JLB: Y cuentistas.

MVLL: Y cuentistas.

JLB: Porque no creo que *Las mil y una noches* sea una novela, ¿no? Una infinita antología.

MVLL: La ventaja de la novela es que todo puede ser novela. Creo que es un género caníbal, que se traga todos los géneros.

JLB: A propósito de «caníbal», ¿usted conoce el origen de la palabra?

MVLL: No, no lo conozco, ¿cuál es?

JLB: Muy linda. *Caribe,* que dio *caríbal,* y *caníbal.*

MVLL: O sea que es una palabra de origen latinoamericano.

JLB: Bueno, sin «latino». Eran una tribu de indios, los caribes, una palabra indígena, y de ahí surgió *caníbal* y *Calibán,* de Shakespeare.

MVLL: Curioso aporte de América al vocabulario universal.

JLB: Hay tantos. *Chocolate,* que era *xocoatl,* creo, ¿no? Se perdió la *tl,* desgraciadamente. *Papa,* también.

MVLL: ¿Cuál diría usted que ha sido el mejor aporte en el campo de la literatura de América?

33

De toda América: América hispana, portuguesa...
¿Algún autor, algún libro, algún tema?

JLB: Yo diría más bien el modernismo en general. Era obra de la literatura en lengua castellana, y eso surge de este lado, según lo hace notar Max Henríquez Ureña. Hablé con Juan Ramón Jiménez y él me dijo de la emoción con la cual había recibido un ejemplar de *Las montañas del oro,* año 1897. Y su influjo en grandes poetas en España. Pero eso surge de este lado. Y curiosamente, estamos aquí —no geográficamente— mucho más cerca de Francia que los españoles. Yo me di cuenta en España que podía alabar a Inglaterra, alabar a Italia, alabar a Alemania, alabar incluso a Norteamérica, pero que si hablaba de Francia ya se sentían incómodos.

MVLL: El nacionalismo es algo muy difícil de erradicar en cualquier parte.

JLB: Uno de los grandes males de nuestra época.

MVLL: Quisiera hablar un poco de eso, Borges, porque... Le puedo hablar con toda franqueza, supongo.

JLB: Sí, y además quiero decirle que es un mal que corresponde a las derechas y a las izquierdas.

MVLL: Algunas declaraciones políticas suyas a mí me provocan desconcierto, pero hay un aspecto en el que cuando usted habla merece toda mi admiración y todo mi respeto, y es el asunto del nacionalismo. Creo que usted siempre ha hablado con gran lucidez sobre ese tema o, mejor dicho, contra el nacionalismo.

JLB: Y sin embargo yo he incurrido en él.

MVLL: Pero ahora, en estos últimos...

JLB: El hecho de haber hablado de las orillas de Buenos Aires, el hecho de haber conocido payadores, de haber conocido cuchilleros, de haberlos usado en mi literatura. Yo he escrito milongas... Todo es digno de la literatura, ¿por qué no también los temas vernáculos?

MVLL: Yo me refería al nacionalismo político.

JLB: Eso es un error, porque si uno quiere una cosa contra otra es que no la quiere realmente. Por ejemplo, si yo quiero Inglaterra contra Francia es un error, tengo que querer ambos países, dentro de mis posibilidades.

MVLL: Usted ha hecho muchas declaraciones en contra de toda posible ruptura de hostilidades entre Argentina y Chile.

JLB: Más aún. Yo actualmente, a pesar de ser nieto y bisnieto de militares y más lejanamente de conquistadores, que no me interesan, soy pacifista. Creo que toda guerra es un crimen. Además, si se admiten guerras justas, que sin duda las hubo —la guerra de los Seis Días, por ejemplo—, si admitimos una guerra justa, una sola, eso ya abre la puerta a cualquier guerra y nunca faltarán las razones para justificarla, sobre todo si se las inventan y encarcelan como traidores a quienes piensan de otro modo. De antemano, yo no me había dado cuenta de que Bertrand Russell y Gandhi y Alberdi y Romain Rolland tenían razón al oponerse a la guerra, y quizás se precise más valor ahora para oponerse a la guerra que para defenderla o participar en ella, incluso.

MVLL: Ahí yo estoy de acuerdo con usted. Creo que es muy exacto eso que dice. ¿Cuál es el régimen político ideal para usted, Borges? ¿Qué le gustaría para su país y para América Latina? ¿Qué régimen le parecería el más adecuado para nosotros?

JLB: Yo soy un viejo anarquista spenceriano y creo que el Estado es un mal, pero por el momento es un mal necesario. Si yo fuera dictador renunciaría a mi cargo y volvería a mi modestísima literatura, porque no tengo ninguna solución que ofrecer. Yo soy una persona desconcertada, descorazonada, como todos mis paisanos.

MVLL: Pero usted se considera un anarquista, básicamente un hombre que defiende la soberanía individual en contra del Estado.

JLB: Sí, sin embargo no sé si somos dignos. En todo caso, no creo que este país sea digno de la democracia o de la anarquía. Quizás en otros países pueda hacerse, en Japón o en los países escandinavos. Aquí evidentemente las elecciones serían maléficas, nos traerían otro Frondizi u otros..., etcétera.

MVLL: Ese escepticismo no está reñido con algunas declaraciones suyas optimistas que hace sobre la paz, justamente en contra de la guerra, últimamente en contra de las torturas y de toda forma de represión.

JLB: Sí, ya sé. Pero no sé si eso puede ser útil. He hecho esas declaraciones por motivos éticos pero no creo que sean serviciales, no creo que puedan ayudar a nadie. Pueden ayudarme a tranquilizar mi conciencia, nada más. Pero si yo fuera gobierno, no sé qué haría, estamos en un callejón sin salida.

MVLL: Yo le hice una entrevista hace casi un cuarto de siglo en París y una de las cosas que le pregunté...

JLB: Cuarto de siglo... Pará. Qué triste si vamos a hablar de cuarto de siglo...

MVLL: ... una cosa que le pregunté fue qué opina de la política, ¿y usted sabe qué me respondió? «Es una de las formas del tedio»:

JLB: Ah, bueno, está bien.

MVLL: Es una bonita respuesta y no sé si la repetiría ahora: ¿sigue pensando que es una de las formas del tedio?

JLB: Bueno, yo diría que la palabra *tedio* es un poco mansa. En todo caso fastidio, digamos. Tedio es demasiado... Es un *understatement*...

MVLL: ¿Hay algún político contemporáneo que usted admire, que respete?

JLB: Yo no sé si uno puede admirar a políticos, personas que se dedican a estar de acuerdo, a sobornar, a sonreír, a hacerse retratar y, discúlpenme ustedes, a ser populares...

MVLL: ¿Qué tipos humanos admira usted, Borges? Aventureros...

JLB: Sí, los he admirado mucho pero ahora no sé. Tienen que ser aventureros individuales.

MVLL: ¿Cuál, por ejemplo? ¿Recuerda algún aventurero que le hubiera gustado ser?

JLB: No, a mí no me gustaría ser otra persona.

MVLL: Usted está contento con el destino de Borges.

JLB: No, no estoy contento, pero sé que con otro destino sería otra persona. Y como dice Spinoza, «cada cosa quiere la soledad de su ser». Yo insisto en ser Borges, no sé por qué.

MVLL: Recuerdo una frase suya: «Muchas cosas he leído y pocas he vivido», que por una parte es muy bonita y por otra parece nostálgica...

JLB: Muy triste.

MVLL: Parece que usted lo deplorara.

JLB: Yo escribí eso cuando tenía treinta años y no me daba cuenta de que leer es una forma de vivir también.

MVLL: Pero ¿no hay una nostalgia en usted de cosas no hechas por haber dedicado tanto tiempo a la vida puramente intelectual?

JLB: Creo que no. Creo que a la larga uno vive esencialmente todas las cosas y lo importante no son las experiencias, sino lo que uno hace con ellas.

MVLL: Supongo que eso le ha dado un gran desprendimiento por las cosas materiales. Uno lo descubre al llegar a su casa. Vive usted prácticamente como un monje, su casa es de una enorme austeridad, su dormitorio parece la celda de un trapense, realmente es de una sobriedad extraordinaria.

JLB: El lujo me parece una vulgaridad.

MVLL: ¿Qué ha significado el dinero para usted en la vida, Borges?

JLB: La posibilidad de libros y de viajes y de desarrollarlos.

MVLL: Pero ¿nunca le ha interesado el dinero?, ¿nunca ha trabajado usted para ganar dinero?

JLB: Bueno, si lo he hecho parece que no lo he conseguido. Desde luego es mejor la prosperidad, superior a la indigencia, sobre todo en una zona pobre, donde estás obligado a pensar en dinero todo el tiempo. Una persona rica puede pensar en otra cosa. Yo es que nunca he sido rico. Mis mayores lo fueron, hemos tenido estancias y las hemos perdido, han sido confiscadas, pero bueno, no creo que tenga mayor importancia eso.

MVLL: Usted sabe que buena parte de los países de esta tierra hoy día viven en función del dinero, la prosperidad material es su estímulo.

JLB: Natural que sea así sobre todo si hay esta pobreza. En qué otra cosa puede pensar un mendigo sino en el dinero o en comida. Si usted es muy pobre tiene que pensar en dinero. Una persona rica puede pensar en otra cosa, pero un pobre, no. De igual modo que un enfermo sólo puede pensar en la salud. Uno piensa en lo que le falta, no en lo que tiene. Cuando yo tenía vista no pensaba que eso fuera un privilegio, en cambio daría cualquier cosa por recobrar mi vista y no saldría de esta casa.

MVLL: Borges, una cosa que me ha sorprendido en la modesta casa en la que usted vive, sobre todo en el austerísimo dormitorio que es el suyo, es ver que uno de los pocos objetos que hay en su dormitorio es la condecoración de la Orden del Sol que le dio el gobierno peruano.

JLB: Esa condecoración volvió a la familia al cabo de cuatro generaciones.

MVLL: ¿Y cómo así, Borges?

JLB: La obtuvo mi bisabuelo, el coronel Suárez, que aunó una carga de caballería peruana en Junín. Obtuvo esa Orden y fue ascendido de capitán a coronel por Bolívar. Luego esa Orden se perdió en la guerra civil. Aunque mi familia era unitaria yo soy lejanamente pariente de Rosas —bueno, todos somos parientes en este país casi deshabitado—. Al cabo de cuatro generaciones volvió, por razones literarias, y yo fui con mi madre a Lima y ella lloró porque recordaba haber visto esa condecoración en los retratos de mi bisabuelo y ahora la tenía en las manos y era para su hijo. Estaba muy, muy emocionada.

MVLL: O sea, que la relación de usted con el Perú se remonta a muchas generaciones.

JLB: Sí, a cuatro generaciones. No, es anterior, le voy a decir, yo estuve... Ah, no, no, espere... Sí, yo estuve en el Cuzco y vi una casa con un escudo con cabeza de cabra, y de ahí salió Jerónimo Luis de Cabrera hace cuatrocientos años para fundar una ciudad que se llama Ica, que no sé dónde está, y la ciudad de Córdoba, en la República Argentina. Es decir, es una vieja relación.

MVLL: Así que usted, de alguna manera, es también peruano.

JLB: Sí, desde luego que sí.

MVLL: ¿Qué idea se hacía del Perú antes de ir a Lima?

JLB: Una idea muy vaga que creo que estaba basada sobre todo en Prescott.

MVLL: En la *Historia de la conquista del Perú* de Prescott. ¿Cuándo leyó esa historia?

JLB: Debo haber tenido siete u ocho años, tal vez. El primer libro de historia que yo leí en mi vida. Después leí *Historia de la República Argentina* de Vicente Fidel López, y luego las historias romanas y griegas. Pero el primer libro que yo leí, *throughout,* es decir, del principio hasta el fin, fue ese.

MVLL: Y qué idea tenía del Perú, ¿la de un país tal vez mítico?

JLB: Un poco mítico, sí. Y luego yo fui muy amigo de un escritor sin duda olvidado entre ustedes, el peruano Alberto Hidalgo, de Arequipa.

MVLL: Que vivió mucho tiempo en la Argentina, ¿no es verdad?

JLB: Sí, y él me reveló un poeta del que yo sabía muchas composiciones de memoria.

MVLL: ¿Qué poeta, Borges?

41

JLB: Eguren.

MVLL: José María Eguren.

JLB: Sí, exactamente. ¿El libro se llamaba «La niña de la lámpara azul», o no?

MVLL: Es un poema, uno de los poemas más conocidos de Eguren.

JLB: Sí. Y había otro... Tengo una vaga imagen de un barco y de un capitán muerto que recorre el barco. No recuerdo los versos.

MVLL: Es un poeta simbolista de una gran ingenuidad y delicadeza.

JLB: Una gran delicadeza. No sé si ingenuidad. Yo creo que era deliberadamente ingenuo.

MVLL: Digo ingenuidad no en el sentido peyorativo.

JLB: No, no. La ingenuidad es un mérito, claro.

MVLL: No salió nunca del Perú y creo que nunca de Lima y escribió buena parte de su obra sobre un mundo nórdico, de hadas escandinavas y temas especialmente exóticos para él.

JLB: Es que la nostalgia es muy importante.

MVLL: Quizá eso establece alguna afinidad entre ustedes dos, entre Eguren y usted.

JLB: Sí. Es cierto que yo estoy pensando en países que no conozco o que he conocido mucho después. Me gustaría tanto conocer la China o la India..., aunque conozco literariamente mucho ya.

MVLL: ¿Qué país lo conmovió más conocer, Borges?

JLB: Yo no sé, yo diría el Japón, Inglaterra y...

MVLL: ¿Islandia, por ejemplo?

JLB: Islandia, desde luego, porque yo estoy estudiando el idioma nórdico, que es la lengua madre del sueco, del noruego, del danés y parcialmente del inglés también.

MVLL: Es un idioma que se dejó de hablar ¿hace cuántos siglos?

JLB: No, no, se habla contemporáneamente en Islandia. Yo tengo ediciones de los clásicos, obras del siglo XIII, y esas ediciones, que me fueron regaladas o compré en Reikiavik, no tienen glosario, ni prólogo ni notas.

MVLL: O sea que es un idioma que no ha evolucionado, que sigue siendo el mismo a lo largo de ocho siglos.

JLB: Es que yo sospecho que la pronunciación ha cambiado. Ellos pueden leer a sus clásicos como si un inglés pudiera leer por ejemplo a Dunbar, a Chaucer, o como si nosotros pudiéramos leer, no sé, el *Cantar de Mio Cid* o los franceses *La chanson de Roland*.

MVLL: O los griegos a Homero.

JLB: Sí, exactamente. Ellos pueden leer a sus clásicos en ediciones sin notas, sin glosarios, pronunciándolos sin duda de un modo distinto. Pero, por ejemplo, la pronunciación inglesa también ha cambiado mucho. Nosotros decimos *To be or not to be* y parece que Shakespeare, en el siglo XVII decía aún, conservando las vocales abiertas sajonas: «Tou be or nat tou be». Esto es mucho más sonoro, completamente distinto, y resulta casi cómico ahora.

MVLL: Borges, esta curiosidad o, más que curiosidad, esta fascinación suya por las literaturas exóticas...

JLB: Es que no sé si *exóticas...*

MVLL: Me refiero a su interés por la literatura nórdica o anglosajona.

JLB: Bueno, la anglosajona es la antigua literatura inglesa.

MVLL: ... usted cree que tiene algo que ver con...

JLB: ¿Con la nostalgia?

MVLL: Con Argentina, con el hecho de que Argentina sea un país totalmente moderno, casi sin pasado.

JLB: Yo creo que sí, y que quizás una de nuestras riquezas es la nostalgia. La nostalgia de Europa, sobre todo, que un europeo no puede sentir porque un europeo no se siente europeo sino, digamos, inglés, francés, alemán, español, italiano, ruso...

Buenos Aires, junio de 1981

Las ficciones de Borges

Cuando yo era estudiante, leía con pasión a Sartre y creía a pie juntillas sus tesis sobre el compromiso del escritor con su tiempo y su sociedad. Que las «palabras eran actos» y que, escribiendo, un hombre podía actuar sobre la historia. Ahora, en 1987, semejantes ideas pueden parecer ingenuas y provocar bostezos —vivimos una ventolera escéptica sobre los poderes de la literatura y también sobre la historia—, pero en los años cincuenta la idea de que el mundo podía ser cambiado para mejor y que la literatura debía contribuir a ello nos parecía a muchos persuasiva y exaltante.

El prestigio de Borges comenzaba ya a romper el pequeño círculo de la revista *Sur* y de sus admiradores argentinos y en diversas ciudades latinoamericanas surgían, en los medios literarios, devotos que se disputaban como tesoros las rarísimas ediciones de sus libros, aprendían de memoria las enumeraciones visionarias de sus cuentos —la de *El Aleph,* sobre todo, tan hermosa— y se prestaban sus tigres, sus laberintos, sus máscaras, sus espejos y sus cuchillos, y también sus sorprendentes adjetivos y adverbios para sus escritos. En Lima, el primer borgiano fue Luis Loayza, un ami-

go y compañero de generación, con quien compartíamos libros e ilusiones literarias. Borges era
un tema inagotable en nuestras discusiones. Para
mí representaba, de manera químicamente pura,
todo aquello que Sartre me había enseñado a
odiar: el artista evadido de su mundo y de la actualidad en un universo intelectual de erudición
y de fantasía; el escritor desdeñoso de la política,
de la historia y hasta de la realidad que exhibía
con impudor su escepticismo y su risueño desdén
sobre todo lo que no fuera la literatura; el intelectual que no sólo se permitía ironizar sobre los
dogmas y utopías de la izquierda sino que llevaba
su iconoclasia hasta el extremo de afiliarse al Partido Conservador con el insolente argumento de
que los caballeros se afilian de preferencia a las
causas perdidas.

En nuestras discusiones yo procuraba, con
toda la malevolencia sartreana de que era capaz,
demostrar que un intelectual que escribía, decía y
hacía lo que Borges era de alguna manera corresponsable de todas las iniquidades sociales del mundo, y sus cuentos y poemas, nada más que *bibelots*
d'inanité sonore (dijes de inanidad sonora) a los
que la historia —esa terrible y justiciera Historia
con mayúsculas que los progresistas blanden, según les acomode, como el hacha del verdugo, la
carta marcada del tahúr o el pase mágico del ilusionista— se encargaría de dar su merecido. Pero,
agotada la discusión, en la soledad discreta de mi

cuarto o de la biblioteca, como el fanático puritano de *Lluvia,* de Somerset Maugham, que sucumbe a la tentación de aquella carne contra la que predica, el hechizo literario borgiano me resultaba irresistible. Y yo leía sus cuentos, poemas y ensayos con un deslumbramiento al que, además, el sentimiento adúltero de estar traicionando a mi maestro Sartre añadía un perverso placer.

He sido bastante inconstante con mis pasiones literarias de adolescencia; muchos de los que fueron mis modelos ahora se me caen de las manos cuando intento releerlos, entre ellos el propio Sartre. Pero, en cambio, Borges, esa pasión secreta y pecadora, nunca se desdibujó; releer sus textos, algo que he hecho cada cierto tiempo, como quien cumple un rito, ha sido siempre una aventura feliz. Ahora mismo, para preparar esta charla, releí de corrido toda su obra y, mientras lo hacía, volví a maravillarme, como la primera vez, por la elegancia y la limpieza de su prosa, el refinamiento de sus historias y la perfección con que sabía construirlas. Sé lo transeúntes que pueden ser las valoraciones artísticas; pero creo que en su caso no es arriesgado afirmar que Borges ha sido lo más importante que le ocurrió a la literatura en lengua española moderna y uno de los artistas contemporáneos más memorables.

Creo, también, que la deuda que tenemos contraída con él quienes escribimos en español es enorme. Todos, incluso aquellos que, como yo, nunca han escrito un cuento fantástico ni sienten una predilección especial por los fantasmas, los temas del doble y del infinito o la metafísica de Schopenhauer.

Para el escritor latinoamericano, Borges significó la ruptura de un cierto complejo de inferioridad que, de manera inconsciente, por supuesto, lo inhibía de abordar ciertos asuntos y lo encarcelaba dentro de un horizonte provinciano. Antes de él, parecía temerario o iluso, para uno de nosotros, pasearse por la cultura universal como podía hacerlo un europeo o un norteamericano. Cierto que lo habían hecho, antes, algunos poetas modernistas, pero esos intentos, incluso los del más notable entre ellos —Rubén Darío—, tenían algo de pastiche, de mariposeo superficial y un tanto frívolo por un territorio ajeno. Ocurre que el escritor latinoamericano había olvidado algo que, en cambio, nuestros clásicos, como el Inca Garcilaso o Sor Juana Inés de la Cruz, jamás pusieron en duda: que era parte constitutiva, por derecho de lengua y de historia, de la cultura occidental. No un mero epígono ni un colonizado de esta tradición sino uno de sus componentes legítimos desde que, cuatro siglos y medio atrás, españoles y portugueses extendieron las fronteras de esta cultura hasta el hemisferio austral. Con Borges esto volvió a ser una evidencia y, asimismo, una prueba de que sentirse partícipe de esta cultura no resta al escritor latinoamericano soberanía ni originalidad.

Pocos escritores europeos han asumido de manera tan plena y tan cabal la herencia de Occidente como este poeta y cuentista de la periferia. ¿Quién, entre sus contemporáneos, se movió con igual desenvoltura por los mitos escandinavos, la poesía anglosajona, la filosofía alemana, la literatura del Siglo de Oro, los poetas ingleses, Dante, Homero, y los mitos y leyendas del Medio y el Extremo Oriente que Europa tradujo y divulgó? Pero esto no hizo de Borges un «europeo». Yo recuerdo la sorpresa de mis alumnos, en el Queen Mary College de la Universidad de Londres, en los años sesenta, con quienes leíamos *Ficciones* y *El Aleph,* cuando les dije que en América Latina acusaban a Borges de «europeísta», de ser poco menos que un escritor inglés. No podían entenderlo. A ellos, ese escritor en cuyos relatos se mezclaban tantos países, épocas, temas y referencias culturales disímiles les resultaba tan exótico como el chachachá (de moda entonces). No se equivocaban. Borges no era un escritor prisionero por los barrotes de una tradición nacional, como puede serlo a menudo el escritor europeo, y eso facilitaba sus desplazamientos por el espacio cultural, en el que se movía con desenvoltura gracias a las muchas lenguas que dominaba. Su cosmopolitismo, esa avidez por adueñarse de un ámbito cultural tan vasto, de inventarse un pasado propio con lo ajeno, es una manera profunda de ser argentino, es decir, latinoamericano. Pero en su caso, aquel intenso comercio con la literatura europea fue, también, un modo de configurar una geografía personal, una manera de ser Borges. Sus curiosidades y demonios íntimos fueron enhebrando un tejido cultural propio de gran originalidad, hecho de extrañas combinaciones, en el que la prosa de Stevenson y *Las mil y una noches* (traducidas por ingleses y franceses) se codeaban con los gauchos del *Martín Fierro* y con personajes de las sagas islandesas, y en el que dos compadritos de un Buenos Aires más fantaseado que evocado intercambiaban cuchilladas en una disputa que parecía prolongar la que, en la Alta Edad Media, llevó a dos teólogos cristianos a morir en el fuego. En el insólito escenario borgiano desfilan, como en «El Aleph» del sótano de Carlos Argentino, las más heterogéneas criaturas y asuntos. Pero, a diferencia de lo que ocurre en esa pantalla pasiva que se limita a reproducir caóticamente los ingredientes del universo, en la obra de Borges todos ellos están reconciliados y valorizados por un punto de vista y una expresión verbal que les dan un perfil autónomo.

Éste es otro dominio en el que el escritor latinoamericano debe mucho al ejemplo de Borges. No sólo nos mostró que un argentino podía hablar con solvencia sobre Shakespeare o concebir persuasivas historias situadas en Aberdeen, sino, también, revolucionar su tradición estilística. Atención: he dicho ejemplo, que no es lo mismo que influencia. La prosa de Borges, por su furiosa originalidad, ha causado estragos en incontables admiradores a los que el uso de ciertos verbos o imágenes o maneras de adjetivar que él inauguró volvió meras parodias. Es la «influencia» que se detecta más rápido, porque Borges es uno de los escritores de nuestra lengua que llegó a crear un modo de expresión tan suyo, una música verbal (para decirlo con sus palabras) tan propia, como los más ilustres clásicos: Quevedo (a quien él tanto admiró) o Góngora (que nunca le gustó demasiado). La prosa de Borges se reconoce al oído, a veces basta una frase e incluso un simple verbo (*conjeturar,* por ejemplo, o *fatigar* como transitivo) para saber que se trata de él.

Borges perturbó la prosa literaria española de una manera tan profunda como lo hizo, antes, en la poesía, Rubén Darío. La diferencia entre ambos es que Darío introdujo unas maneras y unos temas —que importó de Francia, adaptándolos a su idiosincrasia y a su mundo— que de algún modo expresaban los sentimientos (el esnobismo, a veces) de una época y de un medio social. Por eso pudieron ser utilizados por muchos otros sin que por ello los discípulos perdieran su propia voz. La revolución de Borges es unipersonal; lo representa a él solo; y de una manera muy indirecta y tenue al ambiente en el que se formó y que ayudó decisivamente a formar (el de la revista *Sur*). En cualquier otro que no sea él, por eso, su estilo suena a caricatura.

Pero ello, claro está, no disminuye su importancia ni rebaja en lo más mínimo el placer que da leer su prosa, una prosa que se paladea, palabra a palabra, como un manjar. Lo revolucionario de ella es que en la prosa de Borges hay casi tantas ideas como palabras, pues su precisión y su concisión son absolutas, algo que no es infrecuente en la literatura inglesa e incluso en la francesa, pero que, en cambio, en la lengua española tiene escasos precedentes. Un personaje borgiano, la pintora Marta Pizarro (de «El duelo»), lee a Lugones y a Ortega y Gasset y estas lecturas, dice el texto, confirman «su sospecha de que la lengua a la que estaba predestinada es menos apta para la expresión del pensamiento o de las pasiones que para la vanidad palabrera». Bromas aparte, y si se suprime en ella lo de «pasiones», la sentencia tiene algo de cierto. El español, como el italiano o el portugués, es un idioma palabrero, abundante, pirotécnico, de una formidable expresividad emocional, pero, por lo mismo, conceptualmente impreciso. Las obras de nuestros grandes prosistas, empezando por la de Cervantes, aparecen como fuegos de artificio en los que cada idea desfila precedida, rodeada y seguida de una suntuosa corte de mayordomos, galanes y pajes cuya función es decorativa. El color, la temperatura y la música importan tanto en nuestra prosa como las ideas, y en algunos casos —Lezama Lima, por ejemplo— más. No hay en los excesos retóricos típicos del español nada de censurable: ellos expresan la idiosincrasia profunda de un pueblo, una manera de ser en la que lo emotivo y lo concreto prevalecen sobre lo intelectual y lo abstracto. Es ésa fundamentalmente la razón de que un Valle-Inclán, un Alfonso Reyes, un Alejo Carpentier o un Camilo José Cela —para citar a cuatro magníficos prosistas— sean tan numerosos (como decía Gabriel Ferrater) a la hora de escribir. La inflación de su prosa no los hace ni menos inteligentes ni más superficiales que un Valéry o un T. S. Eliot. Son, simplemente, distintos, como lo son los pueblos iberoamericanos del pueblo inglés y del francés. Las ideas se formulan y se captan mejor, entre nosotros, encarnadas en sensaciones y emociones, o incorporadas de algún modo a lo concreto, a lo directamente vivido, que en un discurso lógico. (Ésa es la razón, tal vez, de que tengamos en español una literatura tan rica y una filosofía tan pobre, y de que el más ilustre pensador moderno de nuestro idioma, José Ortega y Gasset, sea sobre todo un literato.)

Dentro de esta tradición, la prosa literaria creada por Borges es una anomalía, pues desobedece íntimamente la predisposición natural de la lengua española hacia el exceso, optando por la más estricta parquedad. Decir que con Borges el español se vuelve «inteligente» puede parecer ofensivo para los demás escritores de la lengua, pero no lo es. Pues lo que trato de decir (de esa manera «numerosa» que acabo de describir) es que, en sus textos, hay siempre un plano conceptual y lógico que prevalece sobre todos los otros y del que los demás son siempre servidores. El suyo es un mundo de ideas, descontaminadas y claras —también insólitas—, a las que las palabras expresan con una pureza y un rigor extremados, a las que nunca traicionan ni relegan a segundo plano. No lo era al principio, cuando escribió los ensayos de *Inquisiciones* y *El tamaño de mi esperanza*. Él mismo confesó que debe a Alfonso Reyes, a su prosa, el haber aprendido a ser «claro y directo», en vez del prosista enrevesado y barroco que es en sus primeros libros. «No hay placer más complejo que el pensamiento y a él nos entregamos», dice el narrador de *El inmortal,* con frases que retratan a Borges de cuerpo entero: el cuento es una alegoría de su mundo ficticio, en el que lo intelectual devora y deshace siempre lo físico.

Al forjar un estilo de esta índole, que representaba tan genuinamente sus gustos y su formación, Borges innovó de manera radical nuestra tradición estilística. Y, al depurarlo, intelectualizarlo y colorearlo del modo tan personal como lo hizo, demostró que el español —idioma con el que solía ser tan severo, a veces, como su personaje Marta Pizarro— era potencialmente mucho más rico y flexible de lo que aquella tradición parecía indicar, pues, a condición de que un escritor de su genio lo intentara, era capaz de volverse tan lúcido y lógico como el francés y tan riguroso y matizado como el inglés. Ninguna obra como la de Borges para enseñarnos que, en materia de lengua literaria, nada está definitivamente hecho y dicho, sino siempre por hacer.

El más intelectual y abstracto de nuestros escritores fue, al mismo tiempo, un cuentista eximio, la mayoría de cuyos relatos se lee con interés hipnótico, como historias policiales, género que él cultivó impregnándolo de metafísica. Tuvo, en cambio, una actitud desdeñosa hacia la novela, en la que, previsiblemente, le molestaba la inclinación realista, el ser un género que, *malgré* Henry James y alguna que otra ilustre excepción, está como condenado a confundirse con la totalidad de la experiencia humana —las ideas y los instintos, el individuo y la sociedad, lo vivido y lo soñado— y que se resiste a ser confinado en lo puramente especulativo y artístico. Esta imperfección congénita del género novelesco —su dependencia del barro humano— era intolerable para él. Por eso escribió, en 1941, en el prólogo a *El jardín de senderos que se bifurcan:* «Desvarío laborioso y empobrecedor el de componer vastos libros; el de explayar en quinientas páginas una idea cuya perfecta exposición oral cabe en pocos minutos». La frase presupone que todo libro es una disquisición intelectual, el desarrollo de un argumento o tesis. Si eso fuera cierto, los pormenores de una ficción serían, apenas, la superflua indumentaria de un puñado de conceptos susceptibles de ser aislados y extraídos como la perla que anida en la concha. ¿Son reductibles a una o a unas cuantas ideas el *Quijote, Moby Dick, La cartuja de Parma, Los demonios*? La frase no sirve como definición de la novela pero es, sí, indicio elocuente de lo que son las ficciones de Borges: conjeturas, especulaciones, teorías, doctrinas, sofismas.

El cuento, por su brevedad y condensación, era el género que más convenía a aquellos asuntos que a él lo incitaban a crear y que, gracias a su dominio del artificio literario, perdían vaguedad y abstracción y se cargaban de atractivo e, incluso, de dramatismo: el tiempo, la identidad, el sueño, el juego, la naturaleza de lo real, el doble, la eternidad. Estas preocupaciones aparecen hechas historias que suelen comenzar, astutamente, con detalles de gran precisión realista y notas, a veces, de color local, para luego, de manera insensible o brusca, mudar hacia lo fantástico o desvanecerse en una especulación de índole filosófica o teológica. En ellas los hechos no son nunca lo más importante, lo verdaderamente original, sino las teorías que los explican, las interpretaciones a que dan origen. Para Borges, como para su fantasmal personaje de *Utopía de un hombre que está cansado,* los hechos «Son meros puntos de partida para

56

la invención y el razonamiento». Lo real y lo irreal están integrados por el estilo y la naturalidad con que el narrador circula por ellos, haciendo gala, por lo general, de una erudición burlona y apabullante y de un escepticismo soterrado que rebaja lo que podía haber en aquel conocimiento de excesivo.

En escritor tan sensible —y en persona tan civil y frágil como fue, sobre todo desde que la creciente ceguera hizo de él poco menos que un inválido— sorprenderá a algunos la cantidad de sangre y de violencia que hay en sus cuentos. Pero no debería; la literatura es una realidad compensatoria y está llena de casos como el suyo. Cuchillos, crímenes, torturas atestan sus páginas; pero esas crueldades están distanciadas por la fina ironía que, como un halo, suele circundarlas y por el glacial racionalismo de su prosa, que jamás se abandona a lo efectista, a lo emotivo. Esto confiere al horror físico una cualidad estatuaria, de hecho artístico, de realidad desrealizada.

Sus ancestros fueron militares, algunos, héroes, y una vez confesó que se sentía inhibido, acomplejado, de no ser como ellos un hombre de acción sino un sedentario rodeado de libros. No fue un hombre de acción en la vida real pero compensó esa carencia con exceso, poblando sus cuentos de desplantes, matonerías, desafíos, duelos y otras brutalidades. Siempre estuvo fascinado por la mitología y los estereotipos del *malevo* del arra-

57

bal o el *cuchillero* de la pampa, esos hombres físicos, de bestialidad inocente e instintos sueltos, que eran sus antípodas. Con ellos pobló muchos de sus relatos, confiriéndoles una dignidad borgiana, es decir estética e intelectual. Es evidente que todos esos matones, hombres de mano y asesinos truculentos que inventó, son tan literarios —tan irreales— como sus personajes fantásticos. Que lleven poncho a veces, o hablen de un modo que finge ser el de los compadritos criollos o el de los gauchos de la provincia, no los hace más realistas que los heresiarcas, los magos, los inmortales y los eruditos de todos los confines del mundo de hoy o del remoto pasado que protagonizan sus historias. Todos ellos proceden no de la vida sino de la literatura. Son, ante y sobre todo, ideas, mágicamente corporizadas gracias a las sabias combinaciones de palabras de un gran prestidigitador literario.

Cada uno de sus cuentos es una joya artística y algunos de ellos —como *Tlön, Uqbar, Orbis Tertius, Las ruinas circulares, Los teólogos, El Aleph*—, obras maestras del género. A lo inesperado y sutil de los temas se suma siempre una arquitectura impecable, de estricta funcionalidad. La economía de recursos es maniática: nunca sobra ni un dato ni una palabra, aunque, a menudo, han sido escamoteados algunos ingredientes para hacer trabajar a la inteligencia del lector. El exotismo es un elemento indispensable: los sucesos ocurren en lugares distantes en el espacio o en el tiempo a los que esa lejanía vuelve pintorescos o en unos arrabales porteños cargados de mitología. En uno de sus famosos prólogos, Borges dice de un personaje: «El sujeto de la crónica era turco; lo hice italiano para intuirlo con más facilidad». En verdad, lo que acostumbraba a hacer era lo inverso; mientras más distanciados de él y de sus lectores, podía manipularlos mejor atribuyéndoles las maravillosas propiedades de que están dotados o hacer más convincentes sus a menudo inconcebibles experiencias. Pero, atención, el exotismo y el color local de los cuentos de Borges son muy diferentes de los que caracterizan a la literatura regionalista, en escritores como Ricardo Güiraldes o Ciro Alegría, por ejemplo. En éstos, el exotismo es involuntario, resulta de una visión excesivamente provinciana y localista del paisaje y las costumbres de un medio al que el escritor regionalista identifica con el mundo. En Borges, el exotismo es una coartada para escapar de manera rápida e insensible del mundo real, con el consentimiento —o, al menos, la inadvertencia— del lector, hacia aquella irrealidad que, para Borges, como cree el héroe de «El milagro secreto», «es la condición del arte».

Complemento inseparable del exotismo es, en sus cuentos, la erudición, algún saber especializado, casi siempre literario, pero también filológico, histórico, filosófico o teológico. Este saber se exhibe con desenfado y aun insolencia, hasta los límites mismos de la pedantería, pero sin pasar nunca de allí. La cultura de Borges era inmensa, pero la razón de la presencia de la erudición en sus relatos no es, claro está, hacérselo saber al lector. Se trata, también, de un recurso clave de su estrategia creativa, muy semejante al de los lugares o personajes exóticos: infundir a las historias una cierta coloración, dotarlas de una atmósfera *sui generis*. En otras palabras, cumple una función exclusivamente literaria que desnaturaliza lo que esa erudición tiene como conocimiento específico de algo, reemplazando éste o subordinándolo a la tarea que cumple dentro del relato: decorativa, a veces, y, a veces, simbólica. Así, en los cuentos de Borges, la teología, la filosofía, la lingüística y todo lo que en ellos aparece como saber especializado se vuelve literatura, pierde su esencia y adquiere la de la ficción, torna a ser parte y contenido de una fantasía literaria.

«Estoy podrido de literatura», le dijo Borges a Luis Harss, el autor de *Los nuestros*. No sólo él: también el mundo ficticio que inventó está impregnado hasta el tuétano de literatura. Es uno de los mundos más literarios que haya creado escritor alguno, porque en él los personajes, los mitos y las palabras fraguados por otros escritores a lo largo del tiempo comparecen de manera multitudinaria y continua, y de forma tan vívida que han usurpado en cierta forma a aquel contexto de

toda obra literaria que suele ser el mundo objetivo. El referente de la ficción borgiana es la literatura. «Pocas cosas me han ocurrido y muchas he
leído. Mejor dicho: pocas cosas me han ocurrido
más dignas de memoria que el pensamiento de
Schopenhauer o la música verbal de Inglaterra»,
escribió con coquetería en el epílogo de *El hace-
dor*. La frase no debe ser tomada al pie de la letra,
pues toda vida humana real, por apacible que
haya sido, esconde más riqueza y misterio que el
más profundo poema o el sistema de pensamiento más complejo. Pero ella nos dice una insidiosa
verdad sobre la naturaleza del arte de Borges, que
resulta, más que ningún otro que haya producido
la literatura moderna, de metabolizar, imprimién-
dole una marca propia, la literatura universal. Esa
obra narrativa, relativamente breve, está repleta
de resonancias y pistas que conducen hacia los
cuatro puntos cardinales de la geografía literaria.
Y a ello se debe, sin duda, el entusiasmo que suele
despertar entre los practicantes de la crítica heu-
rística, que pueden eternizarse en el rastreo e
identificación de las infinitas fuentes borgianas.
Trabajo arduo, sin duda, y además inútil porque
lo que da grandeza y originalidad a esos cuentos
no son los materiales que él usó sino aquello en
que los transformó: un pequeño universo ficticio,
poblado de tigres y lectores de alta cultura, satu-
rado de violencia y de extrañas sectas, de cobar-
días y heroísmos laboriosos, donde el verbo y el

sueño hacen las veces de realidad objetiva y donde el quehacer intelectual de razonar fantasías prevalece sobre todas las otras manifestaciones de la vida.

Es un mundo fantástico, pero sólo en este sentido: que en él hay seres sobrenaturales y ocurrencias prodigiosas. No en el sentido en el que Borges, en una de esas provocaciones a las que estaba acostumbrado desde su juventud ultraísta y a las que nunca renunció del todo, empleaba a veces el apelativo de mundo irresponsable, lúdico, divorciado de lo histórico e incluso de lo humano. Aunque sin duda hay en su obra mucho de juego y más dudas que certidumbres sobre las cuestiones esenciales de la vida y la muerte, el destino humano y el más allá, no es un mundo desasido de la vida y de la experiencia cotidiana, sin raíz social. Está tan asentado sobre los avatares de la existencia, ese fondo común de la especie, como todas las obras literarias que han perdurado. ¿Acaso podría ser de otra manera? Ninguna ficción que rehúya la vida y que sea incapaz de iluminar o de redimir al lector sobre algún aspecto de ella ha alcanzado permanencia. La singularidad del mundo borgiano consiste en que, en él, lo existencial, lo histórico, el sexo, la psicología, los sentimientos, el instinto, etcétera, han sido disueltos y reducidos a una dimensión exclusivamente intelectual. Y la vida, ese hirviente y caótico tumulto, llega al lector sublimada y conceptualizada, mudada en mito literario por el filtro borgiano, un filtro de una pulcritud lógica tan acabada y perfecta que parece, a veces, no quintaesenciar la vida sino abolirla.

Poesía, cuento y ensayo se complementan en la obra de Borges y a veces es difícil saber a cuál de los géneros pertenecen sus textos. Algunos de sus poemas cuentan historias y muchos de los relatos (los más breves, sobre todo) tienen la compacta condensación y la delicada estructura de poemas en prosa. Pero son, sobre todo, el ensayo y el cuento los géneros que intercambian más elementos en el texto borgiano, hasta disolver sus fronteras y confundirse en una sola entidad. La aparición de *Pale Fire,* de Nabokov, novela donde ocurre algo similar —una ficción que adopta la apariencia de edición crítica de un poema—, fue saludada por la crítica en Occidente como una hazaña. Lo es, desde luego. Pero lo cierto era que Borges venía haciendo ilusionismos parecidos hacía años y con idéntica maestría. Algunos de sus relatos más elaborados, como *El acercamiento a Almotásim, Pierre Menard, autor del Quijote* y *Examen de la obra de Herbert Quain,* fingen ser reseñas bio-bibliográficas. Y en la mayoría de sus cuentos, la invención, la forja de una realidad ficticia, sigue una senda sinuosa que se disfraza de evocación histórica o de disquisición filosófica o teológica. Como la sustentación intelectual de estas acrobacias es muy sólida, ya que Borges sabe siempre lo que dice, la naturaleza de lo ficticio es en esos cuentos ambigua, de verdad mentirosa o de mentira verdadera, y ése es uno de los rasgos más típicos del mundo borgiano. Y lo inverso puede decirse de muchos de sus ensayos, como *Historia de la eternidad* o su *Manual de zoología fantástica,* en los que por entre los resquicios del firme conocimiento en el que se fundan se filtra, como sustancia mágica, un elemento añadido de fantasía e irrealidad, de invención pura, que los muda en ficciones.

Ninguna obra literaria, por rica y acabada que sea, carece de sombras. En el caso de Borges, su obra adolece, por momentos, de etnocentrismo cultural. El negro, el indio, el primitivo en general aparecen a menudo en sus cuentos como seres ontológicamente inferiores, sumidos en una barbarie que no se diría histórica o socialmente circunstanciada, sino connatural a una raza o condición. Ellos representan una infra-humanidad, cerrada a lo que para Borges es lo humano por excelencia: el intelecto y la cultura literaria. Nada de esto está explícitamente afirmado ni es, sin duda, consciente; se trasluce, despunta al sesgo de una frase o es el supuesto de determinados comportamientos. Como para T. S. Eliot, Papini o Pío Baroja, para Borges la civilización sólo podía ser occidental, urbana y casi casi blanca. El Oriente se salvaba, pero como apéndice, filtrado por las versiones europeas de lo chino, lo persa, lo japonés o lo árabe.

Otras culturas, que forman también parte de la realidad latinoamericana —como la india y la africana—, acaso por su débil presencia en la sociedad argentina en la que vivió la mayor parte de su vida, figuran en su obra más como un contraste que como otras variantes de lo humano. Es ésta una limitación que no empobrece los demás admirables valores de la obra de Borges, pero que conviene no soslayar dentro de una apreciación de conjunto de lo que ella significa. Una limitación que, acaso, sea otro indicio de su humanidad, ya que, como se ha repetido hasta el cansancio, la perfección absoluta no parece de este mundo, ni siquiera en obras artísticas de creadores que, como Borges, estuvieron más cerca de lograrla.

Marbella, 15 de octubre de 1987

Borges en París

Francia ha celebrado el centenario de Borges (1899-1999) por todo lo alto: números monográficos de revistas y suplementos literarios, lluvia de artículos, reediciones de sus libros y, suprema gloria para un escribidor, su ingreso a la Pléiade, la Biblioteca de los Inmortales, con dos compactos volúmenes y un álbum especial con imágenes de toda su biografía. En la Academia de Bellas Artes, transformada en laberinto, una vasta exposición preparada por María Kodama y la Fundación Borges documenta cada paso que dio desde su nacimiento hasta su muerte, los libros que leyó y los que escribió, los viajes que hizo y las infinitas condecoraciones y diplomas que le infligieron. El día de la inauguración rutilaban, en el atestado local, luminarias intelectuales y políticas —créanlo o no— y unas lindas muchachas vestían polos blancos y negros estampados con el nombre de Borges.

Ningún país ha desarrollado mejor que Francia el arte de detectar el genio artístico foráneo y, entronizándolo e irradiándolo, apropiárselo. Viendo la exuberancia y felicidad con que los franceses celebran los cien años del autor de *Fic-*

ciones, he tenido en estos días la extraña sensación de que Borges hubiera sido paisano no de Sarmiento y Bioy Casares, sino de Saint-John Perse y Valéry. Ahora bien, aunque no lo fuera, es de justicia reconocer que sin el entusiasmo de Francia por su obra, acaso ésta no hubiera alcanzado —no tan pronto— el reconocimiento que, a partir de los años sesenta, hizo de él uno de los autores más traducidos, admirados e imitados en todas las lenguas cultas del planeta.

Tengo la coquetería de creer que yo fui testigo del *coup de foudre* o amor a primera vista de los franceses por Borges, el año 1963. Vino a París a participar en un homenaje a Shakespeare organizado por la Unesco, y la intervención de este anciano precoz y semiinválido, a quien Roger Caillois presentó con efervescencia retórica, sorprendió a todo el mundo. Antes que él había hablado el ingenioso Lawrence Durrell, comparando al Bardo con Hollywood, y después Giuseppe Ungaretti, quien leyó, con talento histriónico, sus traducciones al italiano de algunos sonetos de Shakespeare. Pero la exposición de Borges, en un francés acicalado, fantaseando por qué ciertos creadores se tornan símbolos de una cultura —Dante, la italiana; Cervantes, la española; Goethe, la alemana— y cómo Shakespeare se eclipsó para que sus personajes fueran más nítidos y libres, sedujo por su originalidad y sutileza. Días después, su conferencia en el Instituto de América Latina, además de estar de bote a bote, atrajo un abanico de escritores de moda, Roland Barthes entre ellos. Es una de las charlas más deslumbrantes que me ha tocado escuchar. El tema era la literatura fantástica y consistía en ilustrar con breves resúmenes de cuentos y novelas —de diversas lenguas y épocas— los recursos más frecuentes de que este género se vale para «fingir la irrealidad». Inmóvil detrás de su pupitre, con una voz intimidada, como pidiendo excusas, pero, en verdad, con soberbia desenvoltura, el conferenciante parecía llevar en la memoria la literatura universal y desenvolvía su argumentación con tanta elegancia como astucia. «¿Seguro que este escritor viene del país de los gauchos?», exclamó un maravillado espectador, mientras aplaudía rabiosamente (Borges había puesto punto final a su charla con una pregunta efectista: «Y, ahora, decidan ustedes si pertenecen a la literatura realista o a la fantástica»).

Sí, venía del país de los gauchos, pero no tenía nada de exótico ni de primitivo y su obra no alardeaba de color local. Ya había escrito varias obras maestras, pero todavía era conocido sólo por pequeñas capillas de devotos, incluso en su país, y sus cuentos y ensayos circulaban en ediciones poco menos que familiares. Francia lo sacó de la catacumba en que languidecía, a partir de aquella visita. La revista *L'Herne* le dedicó un número memorable y Michel Foucault inició el libro de filosofía más influyente de la década —*Les mots et les choses*— con un comentario borgiano. El entusiasmo fue ecuménico: de *Le Figaro* a *Le Nouvel Observateur,* de *Les Temps Modernes,* de Sartre, a *Les Lettres françaises,* de Aragon. Y, como todavía en esos años, en asuntos de cultura, cuando Francia legislaba el resto del mundo obedecía, los latinoamericanos, los españoles, los estadounidenses, los italianos, los alemanes, etcétera, empezaron, a la zaga de los franceses, a leer a Borges. Así comenzó la historia que culmina, ahora, en la trompetería y los fastos del centenario.

Aquel Borges que, en aquella visita a París, se resignó a conceder una entrevista (una de mil) al oscuro periodista de la radio-televisión francesa que era este escriba no era aún ese Borges público, esa Persona de gestos, dichos y desplantes algo estereotipados en que luego se convertiría, obligado por la fama y para defenderse de sus estragos. Era, todavía, un sencillo y tímido intelectual porteño pegado a las faldas de su madre, que no acababa de entender la creciente curiosidad y admiración que despertaba, sinceramente abrumado por el chaparrón de premios, elogios, estudios, homenajes que le caían encima, incómodo con la proliferación de discípulos e imitadores que encontraba por donde iba. Es difícil saber si llegó a acostumbrarse a ese papel. Tal vez sí, a juzgar por el desfile vertiginoso de fotos de la exposición de Beaux-Arts en las que se lo ve recibiendo medallas y doctorados, y subiendo a todos los estrados a dar charlas y recitales.

Pero las apariencias son engañosas. Ese Borges de las fotos no era él, sino, como el Shakespeare de su ensayo, una ilusión, un simulador, alguien que iba por el mundo representando a Borges y diciendo las cosas que se esperaba que Borges dijera sobre los laberintos, los tigres, los compadritos, los cuchillos, la rosa del futuro de Wells, el marinero ciego de Stevenson y *Las mil y una noches.* La primera vez que hablé con él, en aquella entrevista de 1963, estoy seguro de que, por lo menos en algún momento, de verdad hablé, conecté con él. Nunca más volví a tener esa sensación en los años siguientes. Lo vi muchas veces, en Londres, Buenos Aires, Nueva York, Lima, y volví a entrevistarlo, y hasta lo tuve en mi casa varias horas la última vez. Pero en ninguna de aquellas ocasiones sentí que hablábamos. Ya sólo tenía oyentes, no interlocutores, y acaso un solo mismo oyente —que cambiaba de cara, nombre y lugar— ante el cual iba deshilvanando un curioso, interminable monólogo, detrás del cual se había recluido o enterrado para huir de los demás y hasta de la realidad, como uno de sus personajes. Era el hombre más agasajado del mundo y daba una tremenda impresión de soledad.

¿Lo hicieron más feliz, o menos infeliz, los franceses volviéndolo famoso? No hay manera de saberlo, desde luego. Pero todo indica que, contrariamente a lo que podían sugerir los desplantes de su Persona pública, carecía de vanidades terrenales, tenía dudas genuinas sobre la perennidad de su propia obra, y era demasiado lúcido para sentirse colmado con reconocimientos oficiales. Probablemente sólo gozó leyendo, pensando y escribiendo; lo demás fue secundario, y se prestó a ello, gracias a la buena crianza recibida, guardando muy bien las formas, aunque sin mucha convicción. Por eso, aquella famosa frase que escribió (fue, entre otras cosas, el mejor escritor de frases de su tiempo) —«Muchas cosas he leído y pocas he vivido»— lo retrata de cuerpo entero.

Es seguro que, pese a haber pasado los últimos veinte años de su vida en olor de multitudes, nunca llegó a tener conciencia cabal de la enorme influencia de su obra en la literatura de su tiempo, y menos de la revolución que su manera de escribir significó en la lengua castellana. El estilo de Borges es inteligente y límpido, de una concisión matemática, de audaces adjetivos e insólitas ideas, en el que, como no sobra ni falta nada, rozamos a cada paso ese inquietante misterio que es la perfección. En contra de algunas afirmaciones suyas pesimistas sobre una supuesta incapacidad del español para la precisión y el matiz, el estilo que fraguó demuestra que la lengua española puede ser tan exacta y delicada como la francesa, tan flexible e innovadora como el inglés. El estilo borgiano es uno de los milagros estéticos del siglo que termina, un estilo que desinfló la lengua española de la elefantiasis retórica, del énfasis y la reiteración que la asfixiaban, que la depuró hasta casi la anorexia y obligó a ser luminosamente inteligente. (Para encontrar otro prosista tan *inteligente* como él, hay que retroceder hasta Quevedo, escritor que Borges amó, y del que hizo una preciosa antología comentada.)

Ahora bien, en la prosa de Borges, por exceso de razón y de ideas, de contención intelectual, hay también, como en la de Quevedo, algo inhumano. Es una prosa que le sirvió maravillosamente para escribir sus fulgurantes relatos fantásticos, la orfebrería de sus ensayos que trasmutaban en literatura toda la existencia, y sus razonados poemas. Pero con esa prosa hubiera sido tan imposible escribir novelas como con la de T. S. Eliot, otro extraordinario estilista al que el exceso de inteligencia también recortó la aprehensión de la vida. Porque la novela es el territorio de la experiencia humana totalizada, de la vida integral, de la imperfección. En ella se mezclan el intelecto y las pasiones, el conocimiento y el instinto, la sensación y la intuición, materia desigual y poliédrica que las ideas, por sí solas, no bastan para expresar. Por eso, los grandes novelistas no son nunca prosistas *perfectos*. Ésa es la razón, sin duda, de la antipatía pertinaz que mereció a Borges el género novelesco, al que definió, en otra de sus célebres frases, como «Desvarío laborioso y empobrecedor».

El juego y el humor rondaron siempre sus textos y sus declaraciones y causaron incontables malentendidos. Quien carece de sentido del humor no entiende a Borges. Había sido en su juventud un esteta provocador y, aunque luego se retractó de la «equivocación ultraísta» de sus años mozos, nunca dejó de llevar consigo, escondido, al insolente vanguardista que se divertía soltando impertinencias. Me extraña que entre los infinitos libros que han salido sobre él no haya aparecido aún el que reúna una buena colección de las que dijo. Como llamar a Lorca «un andaluz profesional», hablar del «polvoroso Machado», trastrocar el título de una novela de Mallea («Todo lector perecerá») y homenajear a Sabato diciendo que «su obra puede ser puesta en manos de cualquiera sin ningún peligro». Durante la guerra de las Malvinas dijo otra, más arriesgada y no menos divertida: «Ésta es la disputa de dos calvos por un peine». Son chispazos de humor que se agradecen, que revelan que en el interior de ese ser «podrido de literatura» había picardía, malicia, vida.

París, mayo de 1999

Borges, político

Como Borges escribió casi siempre textos cortos, existe la errada creencia de que su obra es muy breve. En realidad, es enorme; se comprueba ahora con las recopilaciones póstumas, que, cada año, cada mes, llueven abrumadoramente sobre sus crecientes y justificados admiradores. Buen número de esos libros son forzados e interesados, pues constan de artículos o notas que se editan en contra de la voluntad de su autor, quien no los consideró dignos de esa relativa perennidad que significa el libro. Pero algunos de ellos deben ser bienvenidos, pues rescatan textos interesantes que nos enriquecen el mundo de Borges.

Es el caso de *Borges en «Sur» (1931-1980)* (Buenos Aires, Emecé, 1999), en el que Sara Luisa del Carril y Mercedes Rubio de Socchi han reunido todos los textos de Borges publicados en *Sur* «que permanecían fuera del alcance del público». El volumen, aunque compuesto de notas, reseñas de libros y películas, cartas, discursos, cuestionarios y otros textos de compromiso, se lee con el placer que deparan los ensayos o incluso los relatos que el propio Borges reunió en libros. Porque casi todos ellos están escritos en el estilo que creó, prodigio de precisión e inteligencia, de ironía (que podía ser mortal en las polémicas, como en su respuesta a Ezequiel Martínez Estrella, que lo había llamado «turiferario a sueldo» de la dictadura militar), humor y de una inmensa cultura literaria. Gide cuenta en su *Diario* que él y sus compañeros de redacción se empeñaron en que la parte más creativa y rigurosa de *La Nouvelle Revue Française* fuera la habitualmente menos considerada, es decir, la de las notas y reseñas, por lo general meras cuñas o rellenos, y que a este material debió la publicación su prestigio, tanto como a las colaboraciones importantes. Algo parecido podría decirse de *Sur,* donde, en casi todos los números, Borges se encargaba de escribir pequeños textos de circunstancias. Leyendo esta compilación comprobamos que ellos fueron el alma de la gran revista argentina que fundó y dirigió Victoria Ocampo. La fundó y dirigió, sí, prestando con ello un impagable servicio a su país, a América Latina y a la lengua española, pero quien le imprimió una personalidad y un carácter, una orientación —unas manías y unas fobias—, un rigor intelectual y ciertas coordenadas morales fue Borges. Estos textos delatan ese magisterio, en cada página, en cada frase: la curiosidad universal que abarca todas las lenguas, todas las culturas (pero, de preferencia, la inglesa), el rechazo frontal del costumbrismo y el regionalismo literarios, de la literatura al servicio de la religión o de la ideología, del nacionalismo y el patrioterismo como coartadas culturales, y un exigente buen gusto.

Los textos sirven también para hacerse una idea bastante clara de las opiniones y actitudes políticas de Borges, tema sobre el que todavía existe mucha confusión, y más estereotipos y caricaturas que conocimiento. Es verdad que Borges tenía un desinterés desdeñoso por la política, pero eso no da credenciales de apolítico: despreciar la política es una toma de posición tan política como adorarla. En verdad, ese desdén era consecuencia de su escepticismo, de su incapacidad para abrazar cualquier fe, religiosa o ideológica. ¿Cómo hubiera podido hacer suyo un entusiasmo político, no se diga una militancia, ese agnóstico que llegó a tomarse bastante en serio el idealismo del obispo Berkeley, quien postuló que la realidad no existía, que sólo existía ese espejismo, o ficción cósmica, nuestras ideas o fantasías de la realidad? Jugaba con ese tema, desde luego, pero el juego de proclamar la esencial inexistencia del mundo material, de la historia y de lo objetivo, y del sueño y la ficción como la sola realidad, se convirtió en una creencia seria y no sólo dio a su obra un tema recurrente y original: llegó a transubstanciarse en su concepción de la realidad.

Sin embargo, este escéptico y agnóstico, incapaz de creer en Dios y alérgico a todo entusiasmo partidista en materia política, manifestó en muchas ocasiones, como se advierte en estos textos, preferencias y rechazos políticos perfectamente claros. Se declaró alguna vez un «anarquista spenceriano», algo que no quiere decir gran cosa. En verdad, fue un individualista recalcitrante, constitutivamente alérgico a ceder un ápice de su independencia y a disolverla en lo gregario, lo que, de hecho, lo convertía en un enemigo declarado de toda doctrina y formación política colectivista, como el fascismo, el nazismo o el comunismo, de los que fue adversario sistemático y pugnaz toda su vida.

Para serlo, en la Argentina de los años treinta y cuarenta, hacía falta convicción y coraje. La viscosa que es el peronismo se ha encargado de que no se recuerde ahora que en aquellos años Perón y su régimen eran pronazis, simpatizantes del Eje durante la guerra, al que prestaron innumerables servicios (algunos descubiertos y muchos encubiertos), y que tanto en el campo intelectual como en el político, la dictadura peronista estuvo más cerca de Hitler y Mussolini que de los Aliados, a los que terminó por plegarse de manera oportunista sólo cuando la victoria era inminente. Aunque con típica coquetería, declaraba carecer «de toda vocación de heroísmo, de toda facultad política», Borges no cesó en esos años de denunciar en sus textos la «pedagogía del odio» y el racismo de los nazis, de defender a los judíos y manifestar su solidaridad con la causa de los Aliados en la guerra contra Alemania. («Mentalmente, el nazismo no es otra cosa que la exacerbación de un prejuicio del que adolecen todos los hombres: la certidumbre de la superioridad de su patria, de su idioma, de su religión, de su sangre».) Por «ser partidario de los Aliados» fue penalizado por el gobierno de Perón, que lo degradó, removiéndolo del modesto cargo que ocupaba —auxiliar tercero en una biblioteca municipal de Barrio Sur—, a «inspector de aves de corral» (es decir, de gallineros).

Con lucidez, Borges vio en el nazismo la excrecencia de un mal mayor y más extendido: el nacionalismo. Lo denunció siempre, en la cultura y en la política, de una manera explícita y con esas cáusticas sentencias de su invención que, a la vez que sintetizaban en pocas frases un complejo argumento, demolían de antemano toda posible refutación. A menudo se burlaba de esos «turbios sentimientos patrióticos» que servían para justificar la mediocridad artística: «Idolatrar un adefesio porque es autóctono, dormir por la patria, agradecer el tedio cuando es de elaboración nacional me parece un absurdo». Nada le provocaba tanta indignación como que lo acusaran a él, a Victoria Ocampo, o a *Sur* de «falta de argentinidad». Esa acusación, escribió luminosamente, «la hacen quienes se llaman nacionalistas, es decir, quienes por un lado ponderan lo nacional, lo argentino y al mismo tiempo tienen tan pobre idea de lo argentino que creen que los argentinos estamos condenados a lo meramente vernáculo y somos indignos de tratar de considerar el universo».

Por eso, el Borges que declaraba «yo abomino del nacionalismo que es un mal de época» defendió con consecuencia lógica la opción contraria —«sentir todo el mundo como nuestra patria»—, una opción tan írrita a la izquierda como a la derecha, adversarios en muchas cosas pero con frecuencia atizadores del «sentimiento nacional» y a menudo del patrioterismo demagógico. En un homenaje póstumo a Victoria Ocampo, Borges fue muy explícito en su vocación de ciudadano del mundo: «Ser cosmopolita no significa ser indiferente a un país, y ser sensible a otros, no. Significa la generosa ambición de querer ser sensible a todos los países y a todas las épocas, el deseo de eternidad…».

No eran aspavientos retóricos. Mostró la seriedad de sus convicciones antinacionalistas durante la guerra de las Malvinas —«la pelea de dos calvos por un peine», se burló—, a la que se opuso, escribiendo un poema. Lo había hecho también en contra de un conflicto con Chile, firmando un manifiesto de protesta contra la acción del gobierno militar en el que lo acompañaron apenas un puñadito de intelectuales argentinos. Su horror al nacionalismo explica, en parte, su hostilidad a la dictadura de Perón, consistente y sin fallas los doce años que duró («años de oprobio y soberbia», los llamó). El «dictador encarnó el mal», dijo, y muchas veces recordó luego «la felicidad que sentí, una mañana de septiembre, cuando triunfó la revolución» que depuso a Perón.

En todo esto hay una coherencia que, sin embargo, se rompe con brusquedad con el apoyo franco que Borges prestó a dos de las dictaduras militares argentinas, la que derrocó a Perón (la de Aramburu y Rojas) y la que puso fin al gobierno de Isabelita Perón (la de Videla). Es un apoyo que no congenia para nada con su identificación con la causa aliada contra los nazis en la Segunda Guerra Mundial, y con su descripción tan exacta, en un discurso de agosto de 1946, del fenómeno autoritario: «Las dictaduras fomentan la opresión, las dictaduras fomentan el servilismo, las dictaduras fomentan la crueldad; más abominable es el hecho de que fomentan la idiotez».

¿Cómo explicar esta contradicción? Por razones circunstanciales, ante todo. El levantamiento militar de Aramburu acabó con la ominosa tiranía populista y nacionalista de Perón, que, además de cancelar la democracia argentina, se las había arreglado para volver subdesarrollado y pobre a un país que tres décadas antes era uno de los países más modernos y prósperos del mundo. La ilusión de que el final del peronismo trajera consigo la democracia pudo explicar el inicial entusiasmo de Borges con el régimen militar. ¿Pero y después, cuando fue evidente que no era la democracia sino otra dictadura, y no menos oprobiosa que la peronista, aunque de distinto signo ideológico, la que reprimía, censuraba, encarcelaba y mataba? Ya no resulta fácil explicar como un mero espejismo la simpatía de Borges por el régimen militar, del que, además, aceptó nombramientos y distinciones sin la menor reticencia.

Todavía más difícil de comprender es su entusiasmo inicial con la dictadura del general Videla, que acabó con el relativamente corto renacimiento de la democracia en Argentina, cuando ésta, es verdad, había tocado fondo en lo que se refiere a caos y violencia con los desafueros de Isabelita y su siniestro consejero López Rega. Pero esa dictadura militar fue una de las más desalmadas y sanguinarias que haya padecido América Latina, una dictadura que torturó, asesinó, censuró y reprimió con más ferocidad y falta de escrúpulos que todas las que le habían precedido. Es verdad que, cuando Borges llamó «caballeros» a los miembros de la junta militar, y fue a tomar el té con ellos a la Casa Rosada, era todavía en los comienzos, antes de que la represión alcanzara las dimensiones vertiginosas que tendría luego. Más tarde, sobre todo a partir de la diferencia de Argentina con Chile sobre el Beagle, tomó distancia con el régimen militar y lo censuró acremente, pero esta toma de distancia fue tardía, y no lo bastante diáfana como para borrar la desazón tremenda que causaron no sólo en sus enemigos, sino también en sus más entusiastas admiradores (como el que esto escribe), sus largos años de adhesión pública a regímenes autoritarios y manchados de sangre. ¿Cómo se explica esta ceguera política y ética en quien, respecto al peronismo, al nazismo, al marxismo, al nacionalismo, se había mostrado tan lúcido?

Tal vez porque su adhesión a la democracia fue no sólo cauta sino lastrada por el escepticismo que le merecían su país y América Latina. Bromeaba sólo a medias cuando dijo que la democracia era un abuso de las estadísticas, o cuando se preguntaba si alguna vez los argentinos, los latinoamericanos, «merecerían» el sistema democrático. En su secreta intimidad es obvio que se respondía que no, que la democracia era un don de aquellos países antiguos y lejanos, que él amaba tanto, como Inglaterra y Suiza, pero difícilmente aclimatable en estos países a medio hacer como el que descubrió —el suyo— al volver a América Latina hacia 1921: «Un territorio insípido, que no era, ya, la pintoresca barbarie y que aún no era la cultura». Esta cita es de 1952. Leyendo la colección de textos reunidos en *Borges en «Sur»*, se tiene la certeza de que, hasta el fin de sus días (que, de manera simbólica, fue a terminar a Suiza, donde había pasado su juventud), siguió creyendo lo mismo: su país y América Latina habían dejado atrás, tal vez, el puro salvajismo, pero les faltaba mucho para alcanzar la civilización (el territorio de la democracia y la cultura). Esa pobre consideración del continente explica, tal vez, que este exigente fantaseador, que jamás hubiera aceptado dar la mano a Franco, a Stalin o a Hitler, aceptara ser recibido y condecorado por el general Pinochet.

Una de las ausencias literarias más notorias en este libro es, precisamente, América Latina. A excepción de su admirado Alfonso Reyes, la literatura latinoamericana sólo aparece encarnada en una antología de poetas traducidos al inglés, para ser zaherida sin piedad: «La culpa de los Huidobro, de los Peralta, de los Carrera Andrade, no es el abuso de metáforas deslumbrantes: es la circunstancia banal de que infatigablemente las buscan y de que infatigablemente no las encuentran». Ese desprecio era parte de otro, más amplio, por la «indigencia tradicional de las literaturas cuyo instrumento es el español». Cuando Borges, en uno de esos espléndidos relatos de *Historia universal de la infamia,* describió el prontuario de Bill Harrigan, o Billy the Kid, como el de alguien que «debía a la justicia de los hombres veintiuna muertes —"sin contar mexicanos"» no sólo hacía una de sus espléndidas *boutades;* escondida en ella iba una sospecha que, me temo, lo acompañaría hasta el último de sus días: América Latina no existía. Mejor dicho, existía sólo a medias y donde no importaba tanto, fuera de la civilización, es decir, de la literatura.

No es verdad que la obra de un escritor pueda abstraerse por completo de sus ideas políticas, de sus creencias, de sus fobias y filias éticas y sociales. Por el contrario, todo esto forma parte del barro con que su fantasía y su palabra modelan sus ficciones. Borges es acaso el más grande escritor que ha dado la lengua española después de los clásicos, de un Cervantes o un Quevedo, pero eso no impide que su genio, como en el caso de este último, a quien él tanto admiraba, adolezca, pese o acaso debido a su impoluta perfección, de una cierta inhumanidad, de ese fuego vital que, en cambio, humaniza tanto la de un Cervantes. Esa limitación no estaba en la impecable factura de su prosa o en la exquisita originalidad de su invención; estaba en su manera de ver y entender la vida de los otros, la vida suya enredada con la de los demás, en esa cosa tan despreciada por él y, a menudo, tan justamente despreciable: la política.

Washington D. C., octubre de 1999

Onetti y Borges

Hablemos ahora de la presencia de Jorge Luis Borges en la obra de Juan Carlos Onetti. A simple vista, la distancia entre ambos autores es muy grande. La erudición y las referencias culturales y literarias que impregnan no sólo los ensayos, también los cuentos y poemas de Borges, brillan por su ausencia en Onetti, una de cuyas coqueterías fue siempre despreciar el intelectualismo y la ostentación libresca, esos desplantes a los que Borges convirtió en una astuta, irónica y deliciosa manera de crear un mundo literario propio. Los temas abstractos, como el tiempo, la eternidad y la irrealidad, que fascinaban a Borges, a Onetti lo dejaban indiferente. En éste los elementos fantásticos e imaginarios, que aparecen en su obra, no son nunca abstractos, están embebidos del aquí y el ahora y de carnalidad.

También los usos de la palabra de Borges y Onetti están a años luz uno del otro. El estilo de Borges es escueto y preciso, claro y exacto, sostenido por una inteligencia luminosa y escéptica, que juega con todo —la filosofía, la teología, la geografía, la historia y, sobre todo, la literatura— para construir un mundo de conceptos y espejismos intelectuales, desasido de los apetitos materiales, las pasiones y los instintos de la animalidad humana. El de Onetti, en cambio, es un estilo laberíntico y tortuoso, cargado de esa psicología que Borges se jactaba de haber erradicado de sus historias y hunde sus raíces en las profundidades del sexo y de la carne, los impulsos destructivos y autodestructivos, una exploración incesante de la pasión y de las relaciones, violencias y tensiones que el amor y los excesos —el alcohol, el vicio, la prostitución, la venganza, el odio, el celestinaje— provocan en la vida de hombres y mujeres.

Por todo ello, la presencia de Borges en Onetti se ha mencionado apenas por la crítica, pese a que la influencia de Borges sobre él fue esencial, en el sentido literal de la palabra, pues concierne a la esencia misma del mundo que Onetti creó. El hecho que define a este mundo, columna vertebral de *La vida breve,* su obra maestra, es el viaje de los personajes, hartos del mundo real, a un mundo imaginario, la ciudad de Santa María. Este viaje, simbólico a veces, se corporiza en la novela cuando Brausen lleva a Ernesto, el asesino de la Queca, a refugiarse en ese lugar, saltando de este modo de la realidad a la ficción (de la verdad a la mentira), y, luego, regresando él mismo, ahora acompañado por personajes ficticios, de Santa María a Buenos Aires.

La ficción incorporada a la vida en una operación mágica o fantástica es tema central de Borges, desarrollado de manera diversa en los extraordinarios cuentos que empezó a publicar en Buenos Aires en la década de los cuarenta, justamente en los años en que Onetti vivía en la capital argentina (residió allí de 1941 a 1959). Aunque *Hombre de las orillas* apareció en 1933 —se transformaría luego en «Hombre de la esquina rosada», en *Historia universal de la infamia* (1935)—, los cuentos fantásticos, empezando por el más original y sorprendente, *Tlön, Uqbar, Orbis Tertius,* salen a la luz en la década siguiente, sobre todo en la revista *Sur* y en el diario *La Nación*. En *Sur* aparecen *Tlön, Uqbar, Orbis Tertius* (n.º 68, 1940), *Las ruinas circulares* (n.º 75, 1940), *La lotería de Babilonia* (1941), *Examen de la obra de Herbert Quain* (1941), *La muerte y la brújula* (1942), *La biblioteca de Babel* (1942), *El jardín de senderos que se bifurcan* (1942), *El milagro secreto* (1943), *Tema del traidor y del héroe* (1944), *Tres versiones de Judas* (1944), *El Aleph* (1945), *Deutsches Requiem* (1946) y, en *La Nación, Funes el memorioso* (1942) y *La forma de la espada* (1942). La primera recopilación en libro, *El jardín de senderos que se bifurcan,* es de 1942 y *Ficciones,* de 1944 (ambos publicados por la editorial *Sur*), *El Aleph* aparecerá en la Editorial Losada en 1952.

Onetti no estuvo vinculado a Victoria Ocampo y al grupo de escritores de *Sur,* pero, según confesión propia, era lector asiduo de la revista y de las ediciones de libros que hacía, como él mismo cuenta en el artículo que escribió sobre su maestro Faulkner, al recordar que fue en una vitrina de *Sur* donde descubrió por primera vez la obra del norteamericano. Y, aunque no fue nunca un seguidor beato de Borges, en el que había aspectos que lo irritaban, lo leyó con profundidad y, acaso sin advertirlo del todo, con provecho, pues el argentino lo ayudó a descubrir una proclividad íntima de su vocación literaria. *Tlön, Uqbar, Orbis Tertius* narra la secreta conspiración de un grupo de eruditos para inventar un mundo e interpolarlo secretamente en la realidad, como hace Brausen con Santa María, y *Las ruinas circulares* fantasea el descubrimiento que realiza un mago, empeñado también en una empresa parecida —inventar un hombre y contrabandearlo en el mundo real—, de que la realidad que él creía objetiva es también ficción, un sueño de otro mago-creador como él mismo.

Onetti no fue probablemente del todo consciente de la deuda que contrajo con Borges al concebir en Santa María su propia Tlön, porque, aunque leía a Borges con interés, no lo admiraba. Rodríguez Monegal cuenta que él los presentó y que el encuentro, en una cervecería de la calle Florida, de Buenos Aires, no fue feliz. Onetti, hosco y lúgubre, estuvo poco comunicativo y provocó a Borges y al anfitrión preguntándoles: «¿Pero qué ven ustedes en Henry James?», uno de los autores favoritos de Borges[*].

La poca simpatía personal de Onetti por Borges fue recíproca. En 1981 Borges fue jurado del Premio Cervantes, en España, y en la votación final, entre Octavio Paz y Onetti, votó por el mexicano. Entrevistado por Rubén Loza Aguerrebere, explicó así su decisión: «¿Cuál era su reparo a la obra de Onetti?». «Bueno, el hecho de que no me interesaba. Una novela o un cuento se escriben para el agrado, si no no se escriben… Ahora, a mí me parece que la defensa que hizo de él Gerardo Diego era un poco absurda. Dijo que Onetti era un hombre que había hecho experimentos con la lengua castellana. Y yo no creo que los haya hecho. Lo que pasa es que Gerardo Diego cree que Góngora agota el ideal en literatura, y entonces supone que toda obra literaria tiene que tener su valor y tiene que ser importante léxicamente, lo cual es absurdo. Ahora, si Gerardo Diego cree que lo importante es escribir con un lenguaje admirable, eso tampoco se da en Onetti»[**]. Mi pálpito es que Borges nunca leyó a Onetti y probablemente la sola idea que guardaba de él tenía que ver con aquel frustrado encuentro en una cervecería por-

[*] Emir Rodríguez Monegal, prólogo a Juan Carlos Onetti, *Obras completas,* México, Editorial Aguilar, 1970, pp. 15-16.
[**] Rubén Loza Aguerrebere, «El ignorado rostro de Borges», diario *El País,* Montevideo, 10 de mayo de 1981, p. 12.

teña y las provocaciones antijamesianas del escritor uruguayo.

Sin embargo, aunque Onetti nunca lo reconociera, acaso ni advirtiera, Borges fue tan importante para la creación de Santa María como Faulkner o Céline. De otro lado, aunque haya una cercanía esencial, el mundo fantástico de Borges y el de Onetti tienen diferencias cruciales. Este último, por lo pronto, disimula su carácter fantástico, envolviendo lo que hay en él de milagroso o mágico —de imposible— con un realismo empecinado en los pormenores y detalles, en los atuendos, las apariencias y las costumbres y el habla de los personajes, y las ocurrencias y peripecias, que, a diferencia de los que pueblan los cuentos de Borges, rehúyen lo vistoso, insólito, exótico, el pasado histórico y las situaciones fabulosas, y se aferran, más bien, ávidamente, a lo manido, cotidiano y previsible. Por eso, el mundo literario de Onetti nos parece realista, a diferencia del de Borges. Porque, aunque Santa María sea, por su gestación, un puro producto de la imaginación, en todo lo demás —su gente, su historia doméstica, sus intrigas y costumbres, su paisaje— constituye una realidad que finge estar calcada de la realidad más objetiva y reconocible.

Madrid, 2018

Borges entre señoras

Entre 1936 y 1939 Borges tuvo a su cargo la sección de libros y autores extranjeros de *El Hogar*, un semanario bonaerense dedicado principalmente a las amas de casa y la familia. Emir Rodríguez Monegal y Enrique Sacerio-Garí reunieron una amplia antología de estos textos que publicó Tusquets en 1986 con el título *Textos cautivos. Ensayos y reseñas en «El Hogar» (1936-1939)*.

No conocía este libro y acabo de leerlo, en Mallorca, donde Borges, en cierto modo, hizo su vela de armas literaria poco después de terminar sus estudios escolares en Ginebra. Aquí escribió versos vanguardistas, firmó manifiestos, se vinculó a un grupo de poetas y escritores jóvenes de la isla, en una actividad intelectual intensa pero que poco dejaba adivinar de la trayectoria que tomaría su obra posterior. No sé por qué me había hecho la idea de que sus notas y artículos en *El Hogar* serían, como aquellos escritos mallorquines de su juventud, testimonios de una prehistoria literaria sin mayor vuelo, meros antecedentes de la futura obra genial.

Me llevé una gran sorpresa. Son mucho más que eso. No sé si la selección, que parece haber sido hecha sobre todo por Sacerio-Garí —el libro

apareció cuando Rodríguez Monegal había falle-
cido—, eliminó todos los textos de mera circunstancia y poca significación, pero la verdad es que
esta antología es soberbia. Revela a un escritor
dueño de un estilo cuajado y propio, enormemen-
te culto, con un punto de vista que le permite opinar sobre poesía, novela, filosofía, historia, religión, autores clásicos y modernos y libros escritos
en diversos idiomas, con absoluta desenvoltura y,
a menudo, notable originalidad. Un colaborador
que semanalmente comentara la actualidad literaria mundial con la lucidez, el rigor, la informa-
ción y la elegancia con que lo hacía Borges en *El
Hogar* hubiera dado un gran prestigio a las más
exigentes publicaciones intelectuales de los con-
siderados entonces los ejes culturales de la época,
como París, Londres y Nueva York. Que estos textos aparecieran en una revista porteña dedicada a
las amas de casa dice mucho sobre la probidad
con que su autor encaraba su vocación, y, también, desde luego, sobre los altos niveles culturales que lucía la Argentina de aquellos años.

Una de las rarezas de estos textos es que Borges se ha leído de principio a fin los textos que
reseña, se trate de la voluminosa traducción de
Las mil y una noches de sir Richard Burton, los
ensayos sobre la mitología primitiva de sir James
George Frazer o las novelas de Faulkner, Heming-
way, Huxley, Wells y Virginia Woolf. Todo lo ana-
liza y comenta con la seguridad que sólo confiere

el conocimiento. Cuando la oscuridad del libro es más fuerte que él, como le ocurre con el *Finnegans Wake* de James Joyce, lo confiesa y explica las posibles razones de su fracaso de lector. No hay uno solo de estos comentarios que dé la impresión de haber sido elaborado de cualquier manera, para cumplir, sin dar mayor importancia a un trabajo que sabía pasajero, superficial y olvidable. Nada de eso. Incluso las pequeñas notitas de pocas frases que aparecían a veces al pie de su página bajo el rubro «De la vida literaria» son una delicia de leer, por su ironía, su gracia y su inteligencia.

En los años en que colabora en *El Hogar* Borges publica ya un libro importante, *Historia universal de la infamia,* pero todavía no ha escrito ninguno de sus grandes cuentos, poemas o ensayos a los que deberá luego su fama. Sin embargo, ya había en él un talento fuera de lo común para leer y opinar sobre lo que leía, y una visión del mundo, de la cultura, de la condición humana, del arte de inventar ficciones y de escribirlas que dan a todos estos textos un denominador común, de partes de un todo compacto. Lo primero que resalta en ellos es la curiosidad universal que guía sus lecturas, la de un lector que es ciudadano del mundo, pues se mueve con la misma soltura leyendo a Paul Valéry en francés, a Benedetto Croce en italiano, a Alfred Döblin en alemán y a T. S. Eliot en inglés. Y, lo segundo, la claridad y la fuerza persuasiva de una prosa donde hay casi tantas ideas como palabras y un esfuerzo permanente para no decir nada que no sea absolutamente indispensable respecto a lo que se propone decir. Cuentan que Raimundo Lida, en sus clases de Harvard, recordaba siempre a sus alumnos: «Los adjetivos se han hecho *para no usarlos*». Borges es famoso por sus adverbios y adjetivos («Nadie lo vio desembarcar en la *unánime* noche»), pero, justamente, lo es porque nunca abusa de ellos, porque estallan de pronto en sus frases como una aparición insólita y espectacular, que redondea una idea, abre una inesperada dimensión a la anécdota, trastorna y desbarajusta lo que hasta entonces parecía la dirección de un argumento. La riqueza de estas reseñas, comentarios o microbiografías está en la precisión y concisión con que fueron escritas: nunca parece faltar ni sobrar nada en ellas, todas gozan de aquella autosuficiencia que tienen los buenos poemas y las mejores novelas.

A veces, un párrafo de pocas frases le basta a Borges para resumir el juicio que le merece toda la vasta obra de un autor, como Samuel Taylor Coleridge: «Más de quinientas apretadas páginas llenan su obra poética; de ese fárrago sólo es perdurable (pero gloriosamente) el casi milagroso *Ancient Mariner*. Lo demás es intratable, ilegible. Algo similar acontece con los muchos volúmenes de su prosa. Forman un caos de intuiciones geniales, de platitudes, de sofismas, de moralidades ingenuas, de inepcias y de plagios». La opinión es muy severa y acaso injusta. Pero, no hay duda, quien la formula de ese modo sabe lo que dice y por qué lo dice.

A veces, en los perfiles biográficos, hay verdaderas maravillas descriptivas, como este boceto físico del historiador Lytton Strachey: «Era alto, demacrado, casi abstracto, con el fino rostro emboscado detrás de los atentos anteojos y de la rojiza barba rabínica. Para mayor recato, era afónico». No es raro que un elogio vaya acompañado de un mandoble letal, como en esta frase en la que, luego de alabar dos novelas de Lion Feuchtwanger —*El judío Süss* y *La duquesa fea*—, añade: «Son novelas históricas, pero nada tienen que ver con el laborioso arcaísmo y con el opresivo *bric-à-brac* que hace intolerable ese género».

No hay en el Borges que escribe estos sueltos y artículos la menor concesión hacia el público de una revista que no era ni especializado en literatura ni, en su gran mayoría, lo suficientemente culto como para poder apreciar en todo su valor las opiniones y elogios o admoniciones de que estaban impregnados sus artículos. Escribe como si se dirigiera a los más exquisitos y refinados lectores de la tierra, dando por supuesto que todos lo entenderían y aprobarían o desaprobarían sus juicios de igual a igual. Y, pese a ello, no hay en estas páginas arrogancia ni pedantería, esos desplantes detrás de los cuales se disimulan casi siempre la ignorancia y la vanidad. Son textos en los que, a pesar de su brevedad, el autor se juega a fondo, desnudándose de cuerpo entero, mostrando sus manías, fobias, filias, anhelos íntimos. Los autores que frecuentará toda su vida con admiración y lealtad desfilan por sus páginas, Schopenhauer, Chesterton, Stevenson, Kipling, Poe, los cuentos de *Las mil y una noches,* así como su debilidad por el género policial, a muchos de cuyos cultores, Chesterton, Ellery Queen, Dorothy L. Sayers y Georges Simenon, dedica artículos. Temas recurrentes de sus ficciones y ensayos, como el tiempo y la eternidad, asoman en las observaciones que consagra a la obra de teatro de J. B. Priestley *El tiempo y los Conway* y a *Un experimento con el tiempo* de J. W. Dunne, a quien dedicaría también en otra ocasión un largo ensayo. Y, por supuesto, la fascinación que ejerció siempre sobre él la literatura oriental está presente en los comentarios a libros chinos como *A la orilla del agua,* una antología de cuentos fantásticos y folklóricos de ese país hecha por Wolfram Eberhard, y la japonesa *The Tale of Genji* de Shikibu Murasaki.

Textos cautivos constituye un magnífico panorama de lo que era la actualidad literaria de fines de los años treinta en el mundo occidental, época de una fulgurante creatividad en todos los géneros, la de Eliot, Joyce, Breton, Faulkner, Woolf, Mann, en la que la experimentación formal, la revisión del pasado reciente y clásico, las polémicas sociopolíticas y culturales trazaban una frontera entre dos épocas. Es fascinante que acaso na-

die dejara un testimonio más agudo y sutil de
toda la efervescencia de ideas, formas y creaciones
literarias de aquellos años, que un (todavía) oscuro escribidor de los confines del mundo, en la
página semanal que llenaba en una revista de
amenidades concebida para hacer más llevadera
la rutina de las amas de casa.

Mallorca, agosto de 2011

El viaje en globo

Creía haber leído todos los libros de Jorge Luis Borges —algunos, varias veces—, pero hace poco encontré en una librería de lance uno que desconocía: *Atlas,* escrito en colaboración con María Kodama y publicado por Sudamericana en 1984. Es un libro de fotos y notas de viaje y en la portada aparece la pareja dando un paseo en globo sobre los viñedos de Napa Valley, en California.

Las notas, acompañadas de fotografías, fueron escritas, la gran mayoría al menos, en los dos o tres años anteriores a la publicación. Son muy breves, primero memorizadas y luego dictadas, como los poemas que escribió Borges en su última época. Siempre precisas e inteligentes, están plagadas de citas y referencias literarias, y hay en ellas sabiduría, ironía y una cultura tan vasta como la geografía de tres o cuatro continentes que el autor y la fotógrafa visitan en ese período (bajan y suben a los aviones, trenes y barcos sin cesar). Pero en ellas hay también —y esto no es nada frecuente en Borges— alegría, exaltación, contento de la vida. Son las notas de un hombre enamorado. Las escribió entre los ochenta y tres y los ochenta y cinco años, después de haber perdido la vista hacía varias décadas y, por lo tanto, cuando era incapaz de ver con los ojos los lugares que visitaba: sólo podía hacerlo ya con la imaginación.

Nadie diría que quien las escribe es un octogenario invidente, porque ellas transpiran un entusiasmo febril y juvenil por todo aquello que toca y que pisa, y su autor se permite a veces los disfuerzos y gracejerías de un muchachito al que la chica del barrio, de quien estaba prendado, acaba de darle el sí. La explicación es que María Kodama, la frágil, discreta y misteriosa muchacha argentino-japonesa, su exalumna de anglosajón y de las sagas nórdicas, por fin lo ha aceptado y el anciano escribidor goza, por primera vez en la vida sin duda, de un amor correspondido.

Esto puede parecer chismografía morbosa, pero no lo es; la vida sentimental de Borges, a juzgar por las cuatro biografías que he leído de él —las de Rodríguez Monegal, María Esther Vázquez, Horacio Salas y, sobre todo, la de Edwin Williamson, la más completa—, fue un puro desastre, una frustración tras otra. Se enamoraba por lo general de mujeres cultas e inteligentes, como Norah Lange y su hermana Haydée, Estela Canto, Cecilia Ingenieros, Margarita Guerrero y algunas otras, que lo aceptaban como amigo pero, apenas descubrían su amor, lo mantenían a distancia y, más pronto o más tarde, lo largaban. Sólo Estela Canto estuvo dispuesta a llevar las cosas a una intimidad mayor pero, en ese caso, fue Borges el

102

que escurrió el bulto. Se diría que era el juego de sombras lo que le atraía en el amor: amagarlo, no concretarlo. Sólo en sus años finales, gracias a María Kodama, tuvo una relación sentimental que parece haber sido estable, intensa, formal, de compenetración intelectual recíproca, algo que a Borges le hizo descubrir un aspecto de la vida del que hasta entonces, según su terminología, había sido privado.

Alguna vez escribió: «Muchas cosas he leído y pocas he vivido». Aunque no lo hubiera dicho, lo habríamos sabido leyendo sus cuentos y ensayos, de prosa hechicera, sutil inteligencia y soberbia cultura. Pero de una estremecedora falta de vitalidad, un mundo riquísimo en ideas y fantasías en el que los seres humanos parecen abstracciones, símbolos, alegorías, y en el que los sentidos, apetitos y toda forma de sensualidad han sido poco menos que abolidos; si el amor comparece, es intelectual y literario, casi siempre asexuado.

Las razones de esta privación pueden haber sido muchas. Williamson subraya como un hecho traumático en su vida una experiencia sexual que le impuso a Borges su padre, en Ginebra, enviándolo donde una prostituta para que conociera el amor físico. Él tenía ya diecinueve años y aquel intento fue un fiasco, algo que, según su biógrafo, repercutió gravemente sobre su vida futura. Desde entonces todo lo relacionado con el sexo habría sido para él algo inquietante, peligroso e incomprensible, un territorio que tuvo a distancia de lo que escribía. Y es verdad que en sus cuentos y poemas el sexo es una ausencia más que una presencia y que, cuando asoma, suele acompañarlo cierta angustia e incluso horror («Los espejos y la cópula son abominables porque multiplican el número de los hombres»). Sólo a partir de *Atlas* (1984) y *Los conjurados* (1985), una colección de poemas («De usted es este libro, María Kodama», «En este libro están las cosas que siempre fueron suyas»), el amor físico aparece como una experiencia gozosa, enriquecedora de la vida.

Los psicoanalistas tienen un buen material —ya han abusado bastante de él— para analizar las relaciones de Borges con su madre, la temible doña Leonor Acevedo, descendiente de próceres, que —como cuenta en un libro autobiográfico Estela Canto, una de las novias frustradas de Borges— ejercía una vigilancia estrictísima sobre las relaciones sentimentales de su hijo, acabando con ellas de modo implacable si la dama en cuestión no se ajustaba a sus severísimas exigencias. Esta madre castradora habría anulado o, por lo menos, frenado la vida sexual del hijo adorado. Doña Leonor fue factor decisivo en el matrimonio de Borges con doña Elsa Astete Millán en 1967, que duró sólo tres años y fue un martirio de principio a fin para Borges, al extremo de inducirlo a terminar huyendo, como en las letras truculentas de un tango, de su cónyuge.

Todo eso cambió en la última época de su vida, gracias a María Kodama. Muchos amigos y parientes de Borges la han atacado, acusándola de calculadora e interesada. ¡Qué injusticia! Yo creo que gracias a ella —basta para saber leer el precioso testimonio que es *Atlas*— Borges, octogenario, vivió unos años espléndidos, gozando no sólo con los libros, la poesía y las ideas, también con la cercanía de una mujer joven, bella y culta, con la que podía hablar de todo aquello que lo apasionaba y que, además, le hizo descubrir que la vida y los sentidos podían ser tanto o más excitantes que las aporías de Zenón, la filosofía de Schopenhauer, la máquina de pensar de Raimundo Lulio o la poesía de William Blake. Nunca hubiera podido escribir las notas de este libro sin haber vivido las maravillosas experiencias de que da cuenta *Atlas*.

Maravillosas y disparatadas, por cierto, como levantarse a las cuatro de la madrugada para treparse a un globo y pasear hora y media entre las nubes, a la intemperie, azotado por las corrientes de aire californianas, sin ver nada, o recorrer medio mundo para llegar a Egipto, coger un puñado de arena, aventarlo lejos y poder escribir: «Estoy modificando el Sahara». La pareja salta de Irlanda a Venecia, de Atenas a Ginebra, de Chile a Alemania, de Estambul a Nara, de Reikiavik a Deyá, y llega al laberinto de Creta, donde, además de recordar al Minotauro, tiene la suerte de extraviarse, lo que permite a Borges citar una vez más a su dama: «En cuya red de piedra se perdieron tantas generaciones como María Kodama y yo nos perdimos en aquella mañana y seguimos perdidos en el tiempo, ese otro laberinto». Cuando están recorriendo las islas del Tigre, en una de las cuales se suicidó Leopoldo Lugones, Borges recuerda «con una suerte de agridulce melancolía que todas las cosas del mundo me llevan a una cita o a un libro». Eso era cierto, antes. En los últimos tiempos todo lo que hace, toca e imagina en este raudo, frenético trajín lo acerca, a la vez que a la literatura, a su joven compañera. El rico mundo inventado por los grandes maestros de la palabra escrita se ha llenado para él, en el umbral de la muerte, de animación, ternura, buen humor y hasta pasión.

No mucho después, en 1986, en Ginebra, cuando Borges, ya muy enfermo, sintió que se moría, dijo a María Kodama que, después de todo, no era imposible que hubiera algo, más allá del final físico de una persona. Ella, muy práctica, le preguntó si quería que le llamara a un sacerdote. Él asintió, con una condición: que fueran dos, uno católico, en recuerdo de su madre, y un pastor protestante, en homenaje a su abuela inglesa y anglicana. Literatura y humor, hasta el último instante.

París, septiembre de 2014

Bibliografía

Preguntas a Borges. París, noviembre de 1964. *Expreso,* Lima, 29 de noviembre de 1964.

Borges en su casa (entrevista y artículo). Lima, junio de 1981. *Caretas,* n.º 655, Lima, 6 de julio de 1981. *Jornal do Brasil,* Río de Janeiro, 17 de agosto de 1981. *La Nación,* Buenos Aires, 23 de agosto de 1981. *Unomásuno* (suplemento *Sábado*), México D. F., 9 de enero de 1982.

Las ficciones de Borges. Marbella, octubre de 1987 / Londres, octubre de 1987. Conferencia leída en inglés con el título de «The Fictions of Borges», en The Anglo-Argentine Society de Londres, en la Fifth Annual Jorge Luis Borges Lecture, el 28 de octubre de 1987. Spanish and Portuguese Distinguished Lecture Series, Department of Spanish and Portuguese, University of Colorado Boulder, Boulder, n.º 5, primavera de 1988. *Third World Quarterly,* 10.3, Londres, julio de 1988, con el título de «The Fictions of Borges». *El Mercurio,* Santiago, 11 de junio de 1989. *A Writer's Reality,* Siracusa, Syracuse University Press, 1990 (pp. 1-19), bajo el título de «An Invitation to Borges Fiction». *Contra viento y marea, III,* Barcelona, Seix Barral, 1990 (pp. 463-476).

Borges en París. Londres, junio de 1999. *El País,* Madrid, 6 de junio de 1999. *Caretas,* Lima, 10 de junio de 1999.

Borges, político. Washington, D. C., octubre de 1999. *Letras Libres,* año I, n.º 11, México D. F., noviembre de 1999. *L'Herne. Mario Vargas Llosa,* París, 2003 (pp. 93-97), traducido al francés por Bertille Hausberg con el título de «Borges et la politique».

Onetti y Borges. Fragmento del libro *El viaje a la ficción. El mundo de Juan Carlos Onetti,* Madrid, Alfaguara, 2008 (pp. 102-107).

Borges entre señoras. Mallorca, agosto de 2011. *El País,* Madrid, 14 de agosto de 2011.

El viaje en globo. París, septiembre de 2014. *El País,* Madrid, 5 de octubre de 2014.

Mario Vargas Llosa

Premio Nobel de Literatura 2010, nació en Arequipa, Perú, en 1936. Aunque había estrenado un drama en Piura y publicado un libro de relatos, *Los jefes,* Premio Leopoldo Alas, su carrera literaria cobró notoriedad con la publicación de *La ciudad y los perros,* Premio Biblioteca Breve (1962) y Premio de la Crítica (1963). En 1965 apareció su segunda novela, *La casa verde,* Premio de la Crítica y Premio Internacional Rómulo Gallegos. Posteriormente ha publicado piezas teatrales (*La señorita de Tacna, Kathie y el hipopótamo, La Chunga, El loco de los balcones, Ojos bonitos, cuadros feos, Las mil noches y una noche* y *Los cuentos de la peste*), estudios y ensayos (*La orgía perpetua, La verdad de las mentiras, La tentación de lo imposible, El viaje a la ficción, La civilización del espectáculo, La llamada de la tribu* y *Medio siglo con Borges*), memorias (*El pez en el agua*), relatos (*Los cachorros*), *Conversación en Princeton,* con Rubén Gallo, y sobre todo, novelas: *Conversación en La Catedral, Pantaleón y las visitadoras, La tía Julia y el escribidor, La guerra del fin del mundo, Historia de Mayta, ¿Quién mató a Palomino Molero?, El hablador, Elogio de la madrastra, Lituma en los Andes, Los cuadernos de don Rigoberto, La Fiesta del Chivo, El Paraíso en la otra esquina, Travesuras de la niña mala, El sueño del celta, El héroe discreto, Cinco Esquinas* y *Tiempos recios.* Ha obtenido los más importantes galardones literarios, desde los ya mencionados hasta el Premio Cervantes, el Príncipe de Asturias, el PEN/ Nabokov y el Grinzane Cavour.